働く大人のための「学び」の教科書

100年ライフを生き抜くスキル

東京大学 大学総合教育研究センター准教授
中原 淳

かんき出版

はじめに

本書『働く大人のための「学び」の教科書〜100年ライフを生き抜くスキル』は、企業・組織で働くホワイトカラーのみなさんが、働きながらいかに学ぶことができるか、に関するヒントを論じた本です。

俗に「人生100年時代」といわれ、健康で働いていられる寿命が80年になる世の中を、わたしたちは生きています。仕事人生が「長期化」する現代、わたしたちは、いかに「学びに満ちた人生」を送り、時代の変化の風に吹かれながら生きていけばいいのでしょうか。いかにすれば、「長期化する仕事人生」を完走できるのでしょうか。

本書では、この問いに対して、真正面から向き合い、「大人が学ぶための3つの原理原則」、そして「大人が学ぶための7つの行動」というかたちで、「100年ライフを生き抜くスキル」を具体的に紹介しています。

市場の変化・環境の変化に応じて、人は自分の能力やキャリアを自ら切り開かなければならない、といわれるようになって久しいものです。

しかし、考えてみれば、そのような時代にあっても、「働く大人の学び方」そのものについて「学んだこと」のある人は、そう多いわけではありません。

教育機関や学校であれば、学び方は「先生」が教えてくれます。しかし、「大人の学び方」を教えてくれる先生は、残念ですが、この世に存在しません。そのようななか、**わたしたちは、「我流」で学ぶことを実践しているのです。**

我流の学びでも、素晴らしい学びを勝ちとっている方は存在します。しかし、我流はときに迷走を生み出してしまうことも、また事実です。学びのなかで、時に翻弄されてしまったり、道を見失ってしまう人も少なくはありません。

反面、「学ぶことは重要だとわかっていても、何からはじめてよいかわからない」「何を学んでよいかわからない」といった問いに悩み、重い腰をあげることのできない人も数多く存在します。

そのような人々にとってまず必要なことは、**大人にとって学ぶとは何か、なぜ必要なのか、そして、それをどのように行っていけばよいのかについてのヒントを得ることです。**

このような現状にあって、本書は、「働く大人の学び方」を、なるべく具体的に論じていくことをめざします。働く大人のホワイトカラーのみなさんが、いかに学ぶことに向き合い、自らの学びをデザインできるかどうかに焦点をあてています。

本書の主張は、僕がこれまで行ってきた人材開発研究のアカデミックな知見に基づいていますが、本書では、これを専門用語を極力排したかたちでご紹介しています。もしご興味をお持ちの方がいらっしゃったら、『人材開発研究大全』『経営学習論』（いずれも東京大学出版会刊）などをご参照いただければ幸いです。

本書は4章構成になっています。

まずChapter 1では、今、大人が大人になってまでも、なぜ学ばなければならないのかを論じています。環境の変化、仕事人生の長期化など、わたしたちは、大人になっても「学び」とよいかたちでつきあっていかなければならないことを論じます。

つづくChapter 2と3では、学びの原理原則として「背伸びの原理」「振り返りの原理」「つながりの原理」を、そして、7つの具体的な行動「行動①タフな仕事から学ぶ」「行動②本を1トン読む」「行動③人から教えられて学ぶ」「行動④越境する」「行動⑤フィードバックをとりに行く」「行動⑥場をつくる」「行動⑦教えてみる」をご紹介します。

本書には、大人が効果的に学ぶために、ぜひ参考にしてみたい原理原則や行動原理がちりばめられています。**我流のまま、徒手空拳で学ぶことに向き合うのではなく、これらを参考に、自ら学びたいものを学ぶスタイルを確立していただけると幸いです。**

Chapter 4では「学びの履歴書」として、7人のビジネスパーソンの「学びの様子」を事例として紹介しています。

7人のビジネスパーソンは、いずれも、自ら学ぶことに向き合い、そのスタイルを築かれた人たちです。読者のみなさまには、**これらの事例を参考にしながら、自分にもっともフィット感の高い学びをおつくりになられることを願っています。**

学ぶこととは、あなたを取り戻すこと。
自ら変わり、まわりを変えること。

筆者自身も、みなさまと同じように、時代を駆け抜け、
自ら「学び」のなかにありたいと願っています。

2018年1月1日　変化の年に

中原　淳

働く大人のための「学び」の教科書
Contents

Chapter 2

「大人の学び」3つの原理原則

Chapter 3

「大人の学び」7つの行動

Chapter 4

学び上手さんの「学びの履歴書」から学ぶ

装幀　小口翔平+喜來詩織(tobufune)
イラスト　加納徳博
本文デザイン・DTP　松好那名(matt's work)
編集協力　渡辺清乃

本当に、一歩も踏み出さずに、このまま、昨日の延長のままでいいのでしょうか?

Chapter 1では、大人になっても学び続けなければならない理由を、仕事人生がますます長期化していく世の中の変化、それにともなって自分のキャリアをどう考えればいいか、そのために何をするべきかといった視点から、みなさんと一緒に考えていきたいと思います。

尻込みしなくても大丈夫。だってこれは、あなただけの問題ではありません。みんなが向き合わなくてはならない問題なのだから。

Chapter 1

僕たちは
なぜ学び続けなければ
ならないのか？

人生100年時代、ひとつのスキルや技能で“一生食べていける”時代ではなくなりました。このことは40代・50代のミドル世代も、20代・30代の若手世代も、うっすら感じているようです。

でも、

「とはいっても、一生働き続けるために、今から自分は何をすればいいの?」

「毎日、仕事に追われて時間もないし……」

「まだしばらくは、このままで、いけるんじゃないかな」

昨日の延長で、今日を過ごしている人が実に多いようです。

キャリアを登って下りて、そして新たに登る時代

▼新人、管理者を育成する「登山の研究」

僕がこれまで行ってきた人材開発の研究は、大きく分けて2つあります。

ひとつは、「新入社員をはじめとして、経験の浅い人をどのようにして育成すればよいか」という研究です。

最近では、企業も余裕がなくなってきていますので、新人がなるべく早く成果を上げることができるように早期戦力化を図りたい、というニーズが大きくなっています。

こうしたニーズを背景に、僕の研究室では、**経験の浅い人々に対して、どのように育成し、どのようにOJTをすればよいのか、どんな研修をすれば新人を早期育成できるか、ということを研究してきました。**[*1]

もうひとつの研究テーマは、新任や駆け出し期の管理職やマネジャーを「一人前のリーダー」に育て上げるために、どんな

サポートを提供するか、ということです。[*2]

組織のなかで、ある一定期間、仕事経験を蓄積した人々は、「ソロプレーヤーとして自分一人で成果を出すこと」から「管理者として他人を動かして職場の成果を出すこと」にチャレンジしていきます。

しかし「ソロプレーヤー」から「リーダー・管理職」への「役割移行」というものは、考えている以上に「難しさ」をともなうものです。みなさんのなかにも、すでに苦しい経験をされた人、今まさにその渦中にある人もいるのではないでしょうか。

リーダーや管理職であるならば、本来メンバーに仕事を任せなくてはいけないのに、ついつい自分でやってしまったりすることが起こりがちです。**ハーバード大学ビジネススクールのリンダ・ヒル教授は、この「難しさ」を「生まれ変わり」と表現しているくらいです。**

＊1　専門的な知見としては、こちらをご覧ください→中原淳（2010）『職場学習論――仕事の学びを科学する』（東京大学出版会）

＊2　これらを論じた一般書に、こちらがあります→中原淳（2014）『駆け出しマネジャーの成長論』（中公新書ラクレ）

人は「ソロプレーヤー」から「管理職」への移行に際して、「生まれ変わる痛み」のようなものを体験します。この「痛みをともなう学びや変化」をどのようにサポートするかが、もうひとつの僕の研究です。

ソロプレーヤーから管理職への移行は「生まれ変わり」！

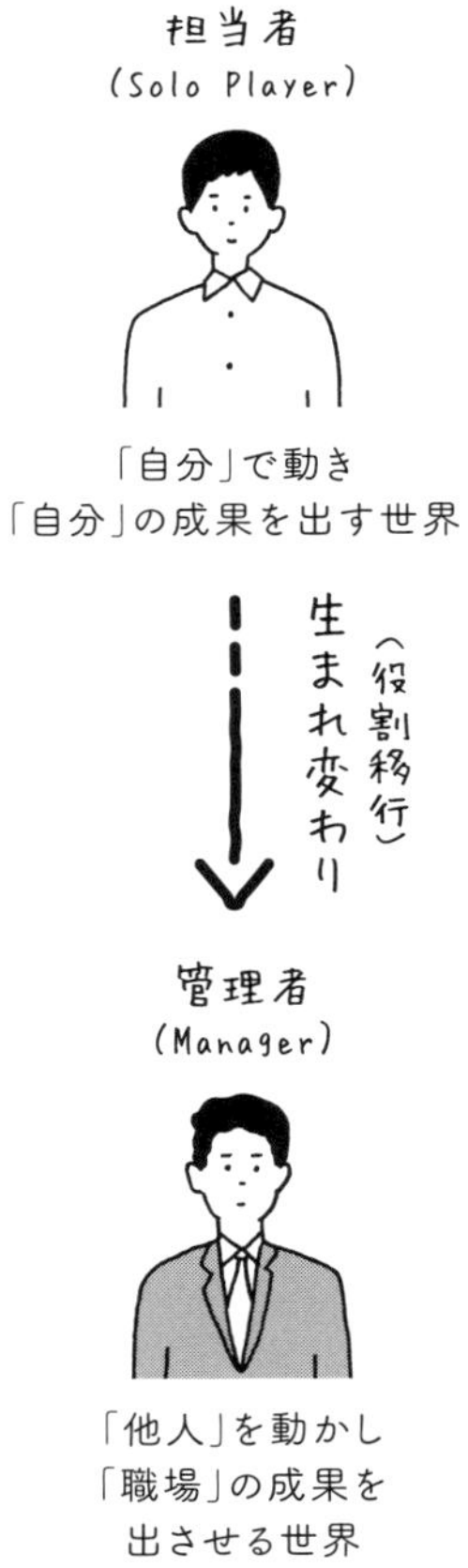

過去20年、僕はおもにこうした2つの研究に従事してきました。しかし近年とみに、これ以外の研究の機会について思いを馳せることが多くなりました。かつてとは、まったく異なるタイプの研究にチャレンジする必要を感じているのです。

振り返ってみれば、これまで僕が探究してきた研究は、「新人の育成」にしても、

「管理職の育成」にしても、どちらかというと「将来のためのキャリアのステップアップ」に関する研究です。

新人の方に関していえば、右も左もわからないところから、OJTなどで仕事を覚えていくのは、まさにキャリアのステップアップといえるでしょう。

また、実務担当者から管理職への役割移行に関しても、管理職への「昇進」ということが絡むので、多くの場合は「キャリアのステップアップ」ということになります。

しかし、数年前から僕がチャレンジしたいと思っている研究は、こうした「キャリアのステップアップ」に関する研究ではありません。**「将来のためのキャリアのステップアップ」というよりは、むしろ「長い仕事人生を完走し、キャリアを全うするための研究」といえるかもしれません。**

いうまでもなく、高齢化社会を生きるわたしたちは、有史以来、「最も長い人生」を手に入れました。同時にわたしたちには、長い人生を、できるだけ働きながら過ごすことが求められています。

かくして、僕は近年、「長い仕事人生を完走し、キャリアを全うするための研究」

というものに注目しているのです。これを別のたとえで説明してみましょう。

かつての僕の研究は、経験の浅いメンバーの育成研究にしろ、管理職の育成研究にしろ、いわば「山を登る」ような研究でした。仕事経験を重ね、キャリアを伸ばしていくことをメインにしていました。たとえてみれば、**これまでの僕の研究は、「登山の研究」であったといえるでしょう。**

山登りに「頂上」があるように、キャリアも、どこかでそれ以上、上昇できないピークに達します。人によって、頂上の高さは違いますので、その高さは一概にはいえませんが、いつか人は、そのピークにさしかかります。

しかし、わたしたちはピークに達したからといって、そこで働くことをやめるわけにはいきません。寿命の延びとともに、ピークに達したあとも、長い仕事人生を「全う」しなくてはならない期間が日に日に延びてきているのです。そのような時代に必要になってくるのは、「下山と再登山の研究」です。

▼健康寿命まで働くための「下山〜再登山の研究」

21ページのグラフは、男性と女性の「健康寿命と平均寿命の差」を表現したものです。このグラフによると、わずか15年の間に男性の平均寿命は78・07歳から80・98歳まで3ポイント近くも伸びています。女性にいたってもこの傾向は同様で、平均寿命は84・93歳から87・14歳まで2ポイント近く伸びています。

しかし、わたしたちの社会保障は、この伸びに対応できているかというと、再設計が必要だという考えをもつ人も少なくないのではないでしょうか。

少子高齢化にともなう年金財産の逼迫につき、かつて60歳だった年金支給開始年齢は、段階的に65歳までひきあげられています。これが70歳にひきあげられる可能性をうっすら感じているビジネスパーソンは、少なくないのではないでしょうか。

あまり見通しのもてない社会保障に対して薄々、人々が覚悟を決めているのが、「仕事人生の長期化」です。**要するに「仕事人生を長くしてもらって、自分の生活はできるだけ自分自身で支えていかなければならないのではないか」と多くの人が気づいています。**

21ページのグラフでは「平均寿命」の下に「健康寿命」があります。

「健康寿命」とは、「日常生活を営むうえで、なんらの支障・悪影響もなく自立した生活が送れる時間」ということです。いまだ平均寿命（亡くなる年齢）と健康寿命（健康でいられなくなる年齢）の間には「10歳」近くの差がありますが、逆にいえば、健康であるうちは働くことができる、ということの証左でもあります。

将来、わたしたちは**自らの「健康寿命」に至るまでは、働くことを余儀なくされる社会に生きる可能性が高そうです**。

実際、ロンドンビジネススクールの組織行動論の研究者であるリンダ・グラットンやアンドリュー・スコットらは、著書『ライフ・シフト』[*3]のなかで、

①２００７年生まれの日本の子の50％が１０７歳まで生きるようになる
②１００年ライフの時代には、80歳まで働くようになる

という予想をしています。

実際に平均寿命が１０７歳まで伸びるのか、はたまた80歳まで働かなければならないかどうかは、未来予測なので知る由もありません。しかし、「仕事人生が長期化すること」だけは、間違いはないようです。

図 健康寿命と平均寿命の差 *4

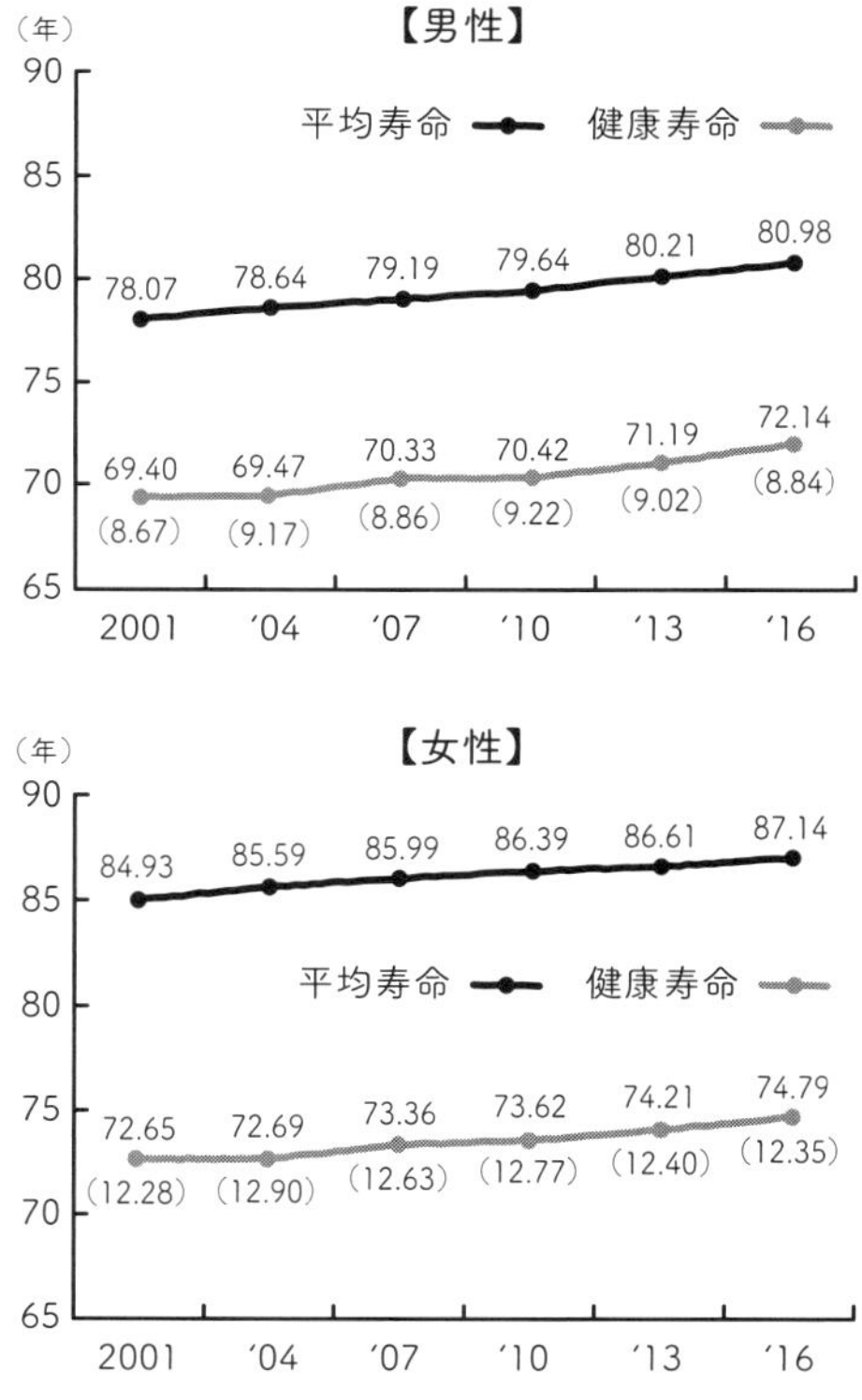

(注)(　)内の数値は平均寿命と健康寿命の差。
(資料)2016年平均寿命は厚生労働省「2016年簡易生命表」。2016年健康寿命は厚生労働省「2016年簡易生命表」と「2016年国民生活基礎調査」を使って、厚生労働科学研究「健康寿命における将来予測と生活習慣病対策の費用対効果に関する研究」による計算法で(株)ニッセイ基礎研究所保険研究部村松容子氏が計算。

*3　リンダ・グラットン、アンドリュー・スコット（著）（2016）『LIFE SHIFT（ライフ・シフト）』（東洋経済新報社）

*4　村松容子（2017）２０１６年健康寿命は延びたが平均寿命との差は縮まっていない～2016年試算における平均寿命と健康寿命の差：ニッセイ基礎研究所・基礎研レター。http://www.nli-research.co.jp/report/detail/id=56304?site=nli

かくして「長い仕事人生を巡る研究」が、求められることになってきているわけで、「登山のたとえ」を再び用いてみれば、それはいわば、「下山の研究」や「再登山の研究」といえるかもしれません。

ピークに達した自分のキャリアを横ににらみつつ、長い仕事人生を全うするべく、いったんは「下山」を行ったり、再び山に向かう「再登山」が求められています。

ここでいう「下山の研究」とは、役割を交代したり、管理職・責任者を降りたり、仕事を変えたり、離職したりすることをいかにスムーズに行うかという研究です。一方、「再登山の研究」とは「下山後」に新たな目標を設定し、違った役割や職位や組織でいかに働き始めるのかということに関する研究です。

ここ数年、研究室には、これまで行ってきた「登山の研究」に加え、このような「下山の研究」「再登山の研究」に関する研究ニーズも数多く寄せられているのです。

「下山の研究」や「再登山の研究」とは、別の言葉でいうと、「長い仕事人生を全うする知恵をいかにもつか」という研究です。ゆるやかに下降していく体力や気力を気にとめつつも、長い仕事人生を全うするために、どこでどんな挑戦経験を積み、いか

図「長期化する仕事人生を全うするための研究」が必要

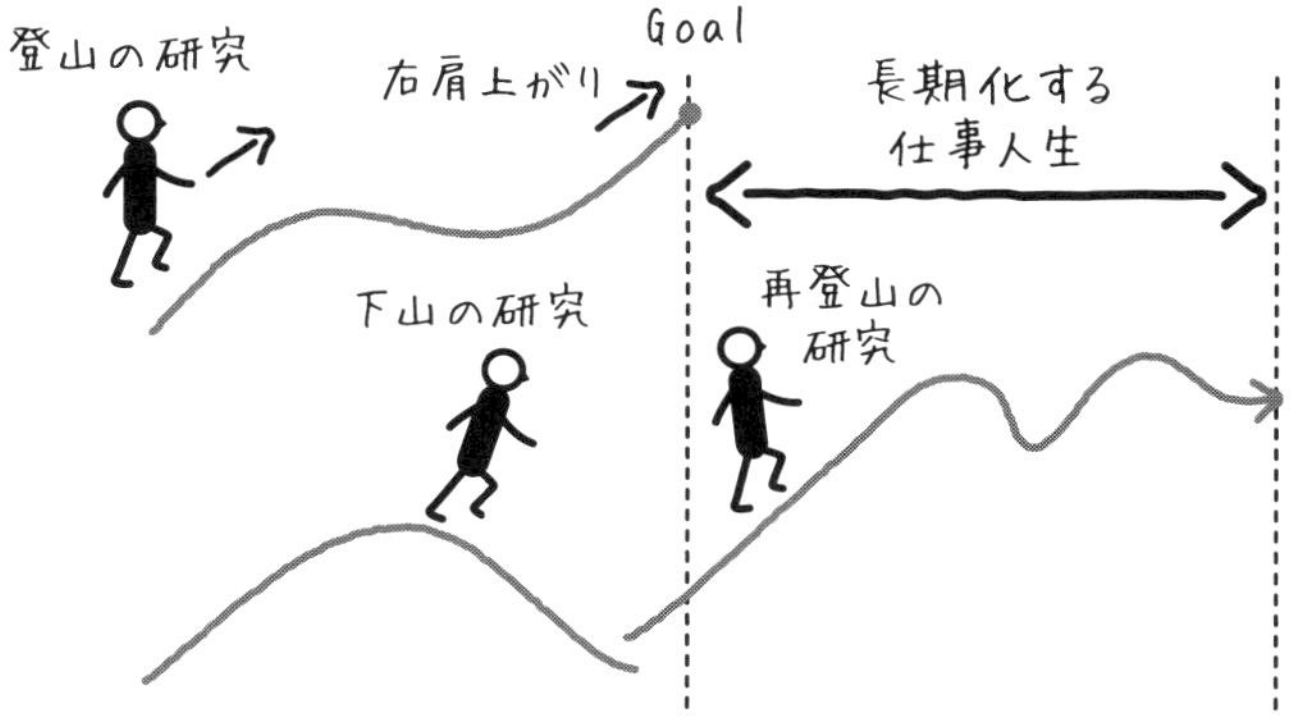

なる能力を高め、再び一念発起するのか。

ところが、仕事人生の長期化という未曾有の事態に面食らってしまい、**下山途中に遭難する人であったり、再登山に躊躇する人が増えているのだといいます。**なかには、一度山に登ったら、それですべて安泰だと思っている人もいらっしゃると聞きます。

本来、この未曾有の事態に立ち向かわなければならない人たちが、うまく下山できずに遭難してしまったり、ガクッとへたり込んでしまったりということが、多くの会社で起きているのだといいます。

そのことの相談におとずれる企業の人事担当者がここ数年増えているのです。

下山で遭難する人たちの共通点

▼変化に応じて学び直して、自分を「立て直す」ことをしていない

前項でお話ししたように、数年前から僕は、「仕事人生の後半」について、様々な研究を始めています。企業の人事部・経営者への情報収集はもちろんのこと、働く個人へのヒアリングも行ってきました。気のおけない研究仲間とともに、「下山」や「再登山」に、残念ながら失敗し、降格・降給されたビジネスパーソン自身へのインタビューも重ねました。

これらの研究活動を重ねるなかで、僕には気づいたことがあります。それは、端的にいってしまえば「下山の途中で遭難してしまった人の特徴」です。

その特徴をワンセンテンスで表現すると、

「学び直すこと、変化することから逃げてしまった人」

です。つまり**変わること、学ぶことから「逃走」してしまった人が、しんどい下山や遭難、さらには再登山をしたくてもできない状況を経験しているのです。**

これらの人は、過去の成功体験をもっている人であることも少なくありません。

ある分野で熟達するなどの成功体験があって、そのときは尊敬され、将来が保証されていた。しかし、事業や市場、そして必要になるスキルや知識は、時代の流れとともに常に変化をしていく。

その**「変化」のなかで新たに必要になるスキルや知識を学び直すこと、さらには、そうした学び直しをもとに、自分を「立て直す」ことを行わなかった。むしろ、過去の成功体験に「あぐら」をかいたり、変化することをためらってきてしまった。**

たとえば、あるコンピュータ言語に非常に精通していたAさんという人がいらっしゃいました。この人は、社外やいろいろなところで講演をなさるような人で、その言語において高名な技術者でした。

しかし、技術革新の末、多くの人々の用いるメディアがPCからスマホにうつっていくにしたがって、Ａさんが得意だったコンピュータ言語が市場では使われなくなっていきました。

Ａさんの能力をもってすれば、新しい言語などすぐ学び直すことができたはずなのですが、彼はそれを選択しませんでした。まだこのままで、新たに学ぶことなどしなくても逃げ切れる、と思っていたのです。そうこうしているうちに、世の中ではどんどん技術革新が進み、Ａさんにはだんだんと仕事がなくなってきました。

Ａさんは、社外ではその名をよく知られる「伝説の技術者」で、社外の勉強会などでは、ときおり講演などもしてきたそうです。

しかし、Ａさんの勤める会社としては、これ以上この人を雇用することができない。あるいは、本人にとって厳しい要求を出さなければならない、ということになったわけです。こういったケースは、残念なことに実に多いのです。

家電業界にもこういった人はいます。

消費者向けの家電開発をしていた人で、その筋では第一人者といえるほど、高い技術をお持ちでした。

ところが、消費者向けの家電が中国や韓国にどんどん追随されて、所属の部門の塩梅が悪くなっていった。当時なら、別の事業にキャリアをスイッチすることもできたのですが、かたくなに拒否してそこにずっと居続けたそうです。のちに、会社は事業の廃止を決め、結局その会社は売られてしまいました。

別のケース、これもＩＴ業界の話です。あるＩＴ企業のシステムエンジニアだった人、その人とは研修でお会いしたのですが、その際におっしゃっていたことです。自分たちの業界の仕事の価値は、ひとつの会社に完全にフィットした「オーダーメイドのサーバー」を提供することであった。しかし、クラウドの時代に入り、いろいろなユーザーがウェブでつながっているひとつのシステムを売るという時代に変わってきました。

自分たちを取り巻く環境に対する思いを、彼は「今までプレタポルテをやっていたのに、貸衣装屋なんかになれるか」と声を荒げて主張されていました。

学び直すこと、変化をためらってしまった人たちの多くはこういいます。

「この道一筋で一生懸命やってきたのに……」

「こんなに努力しているのに納得がいかない！」

どの人にも共通しているのが、**外部環境の変化に応じて学び直すことを放棄してしまっていることです。さらには、変化することから逃げてしまっていることです。**

技術革新や時代の変化によって、必要とされる能力や資質はかなり変化してくるのですが、学ばないから、その変化についていけない。あるいは、自ら変化を拒否する、変化を諦めてしまう、ともいえるでしょう。


では、長期化する仕事人生を前に、わたしたちは、どのように生きればいいのでしょうか。

その問いに対して僕がもつひとつの答えが、「大人の学びのススメ」です。

のちに詳しく触れますが、本書のテーマである「大人の学び」とは、

「自ら行動するなかで経験を蓄積し、次の活躍の舞台に移行することをめざして変化すること」

と定義します。

まず、変わることのキッカケは、何より「行動（アクション）」です。行動とそこで得られる経験こそが、「変わること」の原資であることに疑問を差し挟む人はそういません。

そして、変わることとは、次のステージに自らを向けることとです。キャリア論の世界では、このことを「キャリアアダプタビリティ」ともいうようです。キャリアアダプタビリティとは、「新しい変化がおとずれている環境、予測できない環境変化に対して、自らを適応させていく能力」のことをいいます。[*5]

これからの時代を生き抜く人は、新たな環境変化に対して「好奇心」や「興味」を失うことなく、自分を常にモニタリングし、自ら立て直していくことが求められます。

これとは逆の態度が、学びを放棄し、学びから逃走すること。この態度こそ「下山で遭難すること」につながっていくのです。

＊5 出所：Savickas, M.L.（1997）"Career adaptability: An integrative construct for life-span, life space theory," The Career Development Quarterly, Vol.45, pp.247-259.

何もしなければ「次世代の子ども」より劣る存在になる

▼学ばなければ大人は大人でいられない

先に「長期化する仕事人生を全うすること」のポイントは、「大人の学び」にある、といいました。このことに、より説得的な議論を行っているのが、臨床心理学者の河合隼雄さんです。

河合さんは2002年の時点で、「古代社会と近代社会の違い」を対比させながら、「大人が学び続け、変化をし続けなければならないこと」を示唆しています。

32〜33ページの図は河合さんの示した「古代社会」と「近代社会」の2つの社会における「大人と子ども」、そして、社会の関係を図で示したものです。[*6]

古代社会（左図）においては、社会は非常に安定的（Stable）で、かつ変化に乏しいものでした。古代社会においては時間がゆっくりと流れており、人は一生のうちに、ひとつの「出来上がった世界」にしか相対しません。

人はひとつの「出来上がった世界」に生まれ、子どもから大人になり、その内部で過ごすことができました。

たとえて述べるのであれば、**古代社会ではいったん「大人」になることができれば、その後は「大人は大人でいることができた」ということです。**

しかし時は流れ、僕たちは「近代社会」（右図）を生きることになります。

近代（右図）においては、「社会は進歩する」という概念が加わります。時代が進むにつれて、世界は「右肩上がり」に進歩する。右斜め上方のベクトルに向いた矢印は「時間にともなう社会の進歩」を表現し、そこには「A」「B」「C」という3つの異なる社会が表現されています。

進歩とは抽象的な表現ですが、具体的には、「技術の進歩」とか、「知識の進歩」な

＊6　河合隼雄著、河合俊雄編（2014）『大人になることのむずかしさ』（岩波現代文庫）

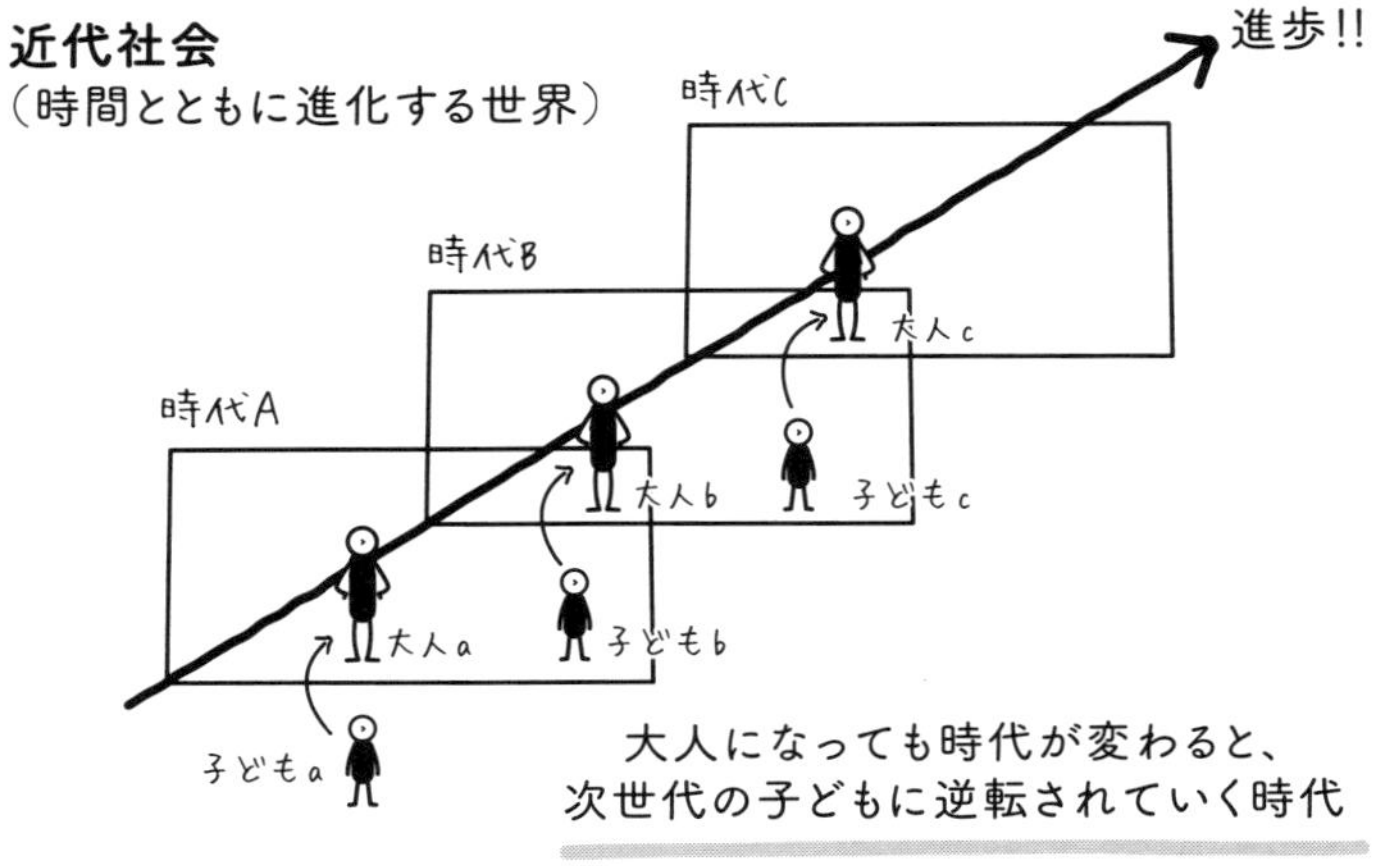

大人になっても時代が変わると、
次世代の子どもに逆転されていく時代

どを思い浮かべていただければわかりやすいのかな、と思います。

近代社会では、人が一生において相対する世界は「ひとつ」ではなくなりました。近代社会においては、ひとつの「出来上がった世界」があるのではない。上の図にあるように、近代社会では、世界は「A」から「B」、「B」から「C」へと常に変化し続けていきます。

このような世界にあっては、たとえば「A」の時間に子どもから大人になり、世界の内部に移動したとしても、

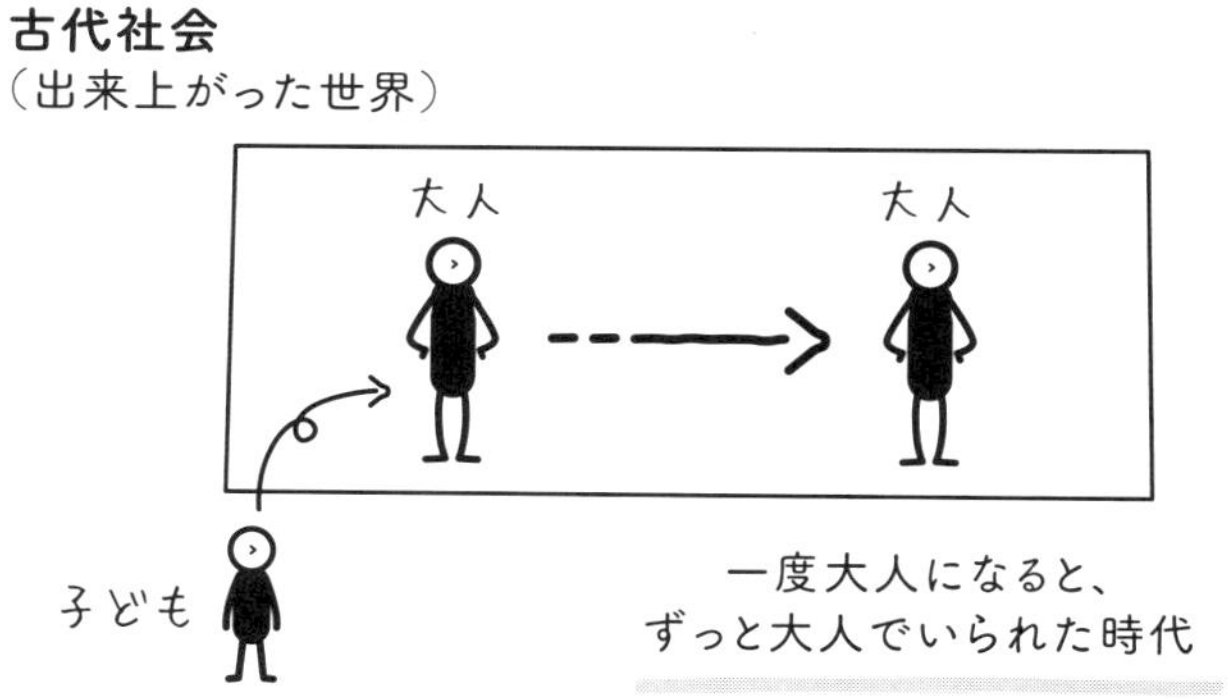

＊『大人になることのむずかしさ』（岩波現代文庫）
〈p47－48の図を併置し、読者の便を考え、一部筆者が加筆・修正〉

そのままでは「安泰」ではありません。

時代Aにおいては「大人a」の状態でいられたとしても、近代は右肩上がりに「進歩」します。

すなわち、右斜め上方に、常に時代は変化していくのです。時代は流れ、「A」から「B」に移行してしまうのです。

時代が「A」から「B」にうつれば、「前時代の大人a」は大人のままではいられません。図に表現されるように、**「前時代の大人a」は「次世代の子どもb」と「同じ立ち位置」に立ってしまうことになります。**

すなわち、何もしなければ、せっかく「大人」になったとしても、「次の時代の子ども」と「同レベル」の立ち位置になってしまうのです。

このことは、人工知能やコンピュータテクノロジーの発展のことを思い浮かべていただければ、わかりやすいかと思います。前時代の大人が、すでに次世代の子どもに「逆転」されている状況は、変化の激しい分野では常識でしょう。

そして、今やわたしたちの仕事の多くは、テクノロジーの進歩を抜きにしては語ることができなくなっています。事務職、サービス職という一見、テクノロジーと無縁にみえる職業でも、常にテクノロジーの変化にさらされています。

残酷なことに、時代は右肩上がりにさらに「変化」します。

さて、このとき「時代Aの大人a」は、「時代C」においては、どうなるでしょうか？　もし「時代Aの大人a」が何も変化し続けなければ、彼・彼女は、「子どもc」よりもはるかに下位の立ち位置におかれてしまいます。

すなわち、現代を生きる大人一人ひとりに求められているのは、出来上がった世界の中で大人になり、そのままで居続けることではありません。「時代の進展」に応じて、常に「右斜め上方」に「大人」が移動していくことです。

先ほどのようにたとえて述べるのであれば、**大人は、何もしなければ、次世代の子どもより劣る存在になってしまう。「大人は大人でいられなくなる」のです。**

このように河合さんの議論からは、「大人になったとしても、人が学び続けなければならない理由」が見てとれます。

「大人a」がそのまま大人であり続けるためには、「変化」し続けることが必要になります。もちろん、「大人a」が「子どもb」と同じ立ち位置でよいというのならば、この限りではありません。それは個人の意志決定の問題です。

わたしたち大人自身、一人ひとりが、どうなりたいかを自分で決め込み、腹をくくることです。

さぁ、僕も含めて読者のあなたも、そろそろ覚悟ができましたか?

他人に学びを強制されるのではなく自ら決める

▼キャリアや将来を組織任せにしない

ここまで「長期化する仕事人生を全うすること」のヒントが「大人が学び続けること」にあることを論じてきました。

みなさんのなかには、前ページで**「大人であるわたしたち自身が、どうなりたいかを自分で決め込み、腹をくくる」**という表現に驚かれた人もいらっしゃるかもしれません。

「そういわれても、踏ん切りがつかないよ」「とはいっても、何をどうすればいいかわからないし……」と思われる人もいるでしょう。そうした人には、ぜひ、次の2つの専門用語を感じていただければと思います。

人間の変化を論じる際によく用いられる専門用語に「生存不安（Survival Anxiety）」と「学習不安（Learning Anxiety）」という言葉があります。組織文化研究で有名なマサチューセッツ工科大学のエドガー・シャイン教授の言葉です。

シャイン教授の「生存不安」と「学習不安」

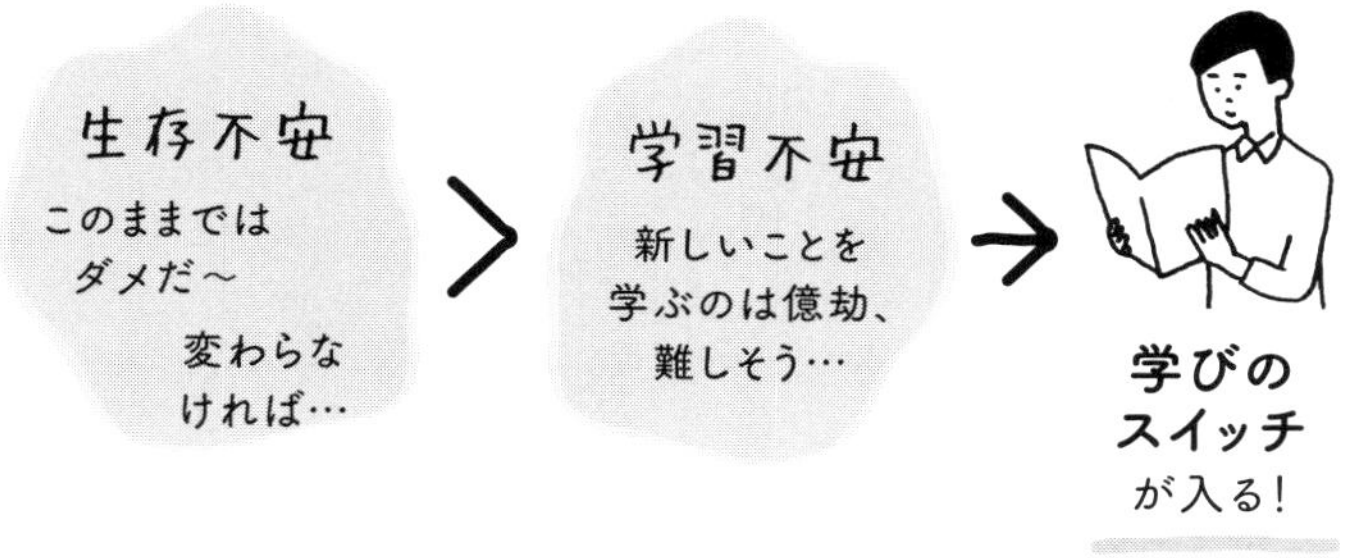
生存不安
このままでは
ダメだ〜
変わらな
ければ…
学習不安
新しいことを
学ぶのは億劫、
難しそう…
学びの
スイッチ
が入る！

「生存不安」とは、「生存していくことに関する不安」です。人は、他者から生存不安を高められることで、なんらかの行動を起こすものです。

一方、「学習不安」とは学習すること、変化することに対する不安です。学習とは、一般に億劫なもの。一般に人は学びに対して、なかなか重い腰を上げないものなのです。

シャイン教授は、人が「変化するとき」はどのようなときかを、この2つの概念を用いて考えました。

シャイン教授が見い出したシンプルな結論とは、**「人は生存不安を高められて、かつ、学習不安が減ったときに学習する」**というものでした。

シャイン教授の考え方は、非常にシンプルでパワフルです。

しかし、僕は一方、シャイン教授のシンプルな主張を頭では理解しつつも、「生存不安をあおられてから学び直すこと」は、個人に多くの労苦を求めてしまうのではないかとも思っています。端的に申し上げるなら、**他者に生存不安を脅かされてから学ぶのでは、学びそのものに喜びをなかなか感じられなくなります。**

また、他人に学ぶことを強制された学びというのは、たいていの場合、学びの際に生じてしまう痛みや負荷は、非常に大きいものになってしまいがちです。できることならば、他人に学びを強制されるのではなく、自ら学び直すことを選んだほうがよいのではないでしょうか。

年齢とともに、能力や気力が落ちていくことは仕方がありません。ただし、環境の変化に適応しながら変わる、つまり「学び」というものを放棄していると、下山の途中で遭難するリスクを高めてしまいます。

むしろ、わたしたちは下山の途中で、次に自分が「再登山」する目標を自ら進んで決めたほうがよいのではないかと思うのです。

他人に強制されることなく、「自ら決める」ということがポイントです。自分のキャリアや将来を他人任せ、組織任せにしないという意思の力が、そこにはあります。

こうしたことを申し上げますと、「私は適齢期がきたら隠居してリタイアするからいいよ」という人も出てくるかもしれません。

しかしこれに対しては、哲学者の鷲田清一さんがご著書のなかで、こんなことを述べられています。鷲田さんによりますと、**「隠居」という慣習は、もともと「リタイアする」というよりも、むしろ、「個人のアイデンティティが別のステージに乗り換えること」を意味していたと指摘なさっています。**[*7]

これと同様、わたしたちは、来し方を振り返り、今後の「次のステージへの準備」をしていかなければならないのです。

他者から生存不安を高められることを待つのではなく、自ら動き出すほうがより負担が少ないと思うのですが、いかがでしょうか?

………

*7　鷲田清一（1996）『じぶん・この不思議な存在』（講談社現代新書）

僕たちは誰も「大人の学び方」を教わってきていない

▼学び続けるには振り返りが必要

長期化する仕事人生を全うするためには、学び直すことから逃げないことが重要である。そして、他人から学び直すことを強制されるのではなく、自分からそれを選択したほうが負荷が少ない。

本書を読んでくださっているみなさんに、ここまではご理解いただけたとして、しかしここには、「重大な落とし穴」があります。

僕は先ほどから、「大人の学び」といっていますが、**僕たちはそもそも「大人の学び方」を教わっていないということです。**

子どもの頃なら、学び方や勉強の仕方は、学校の先生や塾の先生、そして親御さんが教えてくれます。しかし「大人の学び」はどうでしょう。

みなさんは「大人の学び方」を、どこかで、誰かから学んだことがありますか？

とくに日本では「大人の学び」の現状は悲劇的です。日本では、「大人が学ぶ」というと、ちょっと違和感をもたれる人が多いのです。

「社会人」という言葉は、ある意味、「教育課程を終えて、今は仕事をしている人」であり、イコール「学び終えた人」というニュアンスが日本語にはあります。

たとえば、日本には社会人の人が通う「社会人大学院」というものが一時期たくさんつくられました。しかし、ここに通っている人に話を聞くと、周囲の同僚などから、「社会人にもなって、学んでいるってすごいね」という言葉をかけられた人も少なくありません。

ちなみに日本のこうした現状は、英語圏では通じません。

かつて僕がアメリカに留学していたときのことですが、「社会人大学院」について話題にしようとしたときに、英語には「それに該当する言葉がないこと」に気づき、表現に苦心したことがあります。

英語圏には「大学院」はありますが、「社会人大学院」は存在していません。なぜなら、あえて「社会人」という言葉をつけなくても、大学院に社会人があふれかえっているのは、あたりまえのことだからです。

つまり、社会人というと「学び終えたこと」を意味してしまう日本と、「学び直すのは当然」である諸外国では、大人が学ぶことに関するイメージがまったく異なっています。

ちなみに、日本と海外のこうした違いは、日本の大学事情の特殊性に関係します。日本の大学のメインの学生は18歳から22歳。浪人しなければそういう年代の人たちが行くところですが、アメリカの大学は年齢が多様です。大学院に行けば、もっともっと多様です。20代の頃に1回大学に行って40代にも行って、60代、シニアでもう1回行くみたいな人や、人生で3回大学・大学院に行くような人もいます。

つまり、「学び終える」ということがない。キャリアアップやキャリアチェンジ、そして将来の就職の条件をよりよくするために、「学ぶ」ことと一生付き合っていくことが前提となっているのです。

一方、日本では「学び」ということに敏感な人は、限られている印象があります。きっと、昔はそれでよかったのかもしれません。市場環境が安定していて、ひとつの組織に入ったら、右肩上がりで給与があがり、転職なども少なく、一生ひとつの組織に奉職できた時代においては、ことさら学び直すことや変化を求めることは、それほど必要なことではありませんでした。

けれども、幸せな時代は、今、終わろうとしています。

わたしたちは、今、ゲームのルールが日々変化していく社会〜ゲームチェンジング社会に生きています。この社会において、変化に対応していくためには、学び、変化し続けていくことがどうしても必要です。

大人が、新世代の子どものレベルに堕してしまわないためには、来し方を振り返り、未来を構想し、次のステージに自らを振り向ける。つまり、学び続けていくことが必要になるのです。

かくして本書は、学校では教えてくれなかった効果的な「大人の学び」を取り扱っていきます。

本書は、『働く大人のための「学び」の教科書』というタイトルをつけていますが、主にホワイトカラーのビジネスパーソンで、30代以上の人にお読みいただけることを想定して書いています。

これからの長期化する仕事人生を前に、何を考え、何をしておくべきか、それを「学び」「学び方」というキーワードからアドバイスしていくことをめざしています。

アドバイスとは「恐れ多いこと」かもしれません。これを書いている僕自身も、数えで43歳になったばかり。アドバイスというよりは、これからの仕事人生のあり方を、読者のあなたがたとともに考えていきたいと思っています。

100年ライフを楽しみながら、そして、どんどん自己成長を続けながら走るために知っておきたい「大人のための学び方」。

お待たせしました。

では、そろそろ本題に入っていきましょう。

Column-1

身近にいるいる? 自分もあるある? 『学び迷子さん』にご用心!

コラムとして、僕のブログ (NAKAHARA-LAB.net) で募集したアンケートから浮かび上がってきた、学びの方向感覚を見失った「私の身近な『学び迷子さん』」の事例を紹介していきます。

パターン① 「自分の経験至上主義病」

「個人で美容に関するビジネスをやっています。それに関係する講座をいくつも学びました。けれども……どうしても、自分の経験やものの見方から離れられず、新たな物事を吸収できない。自分の土俵のことだと些細なことが気になって、素直に学び直せない自分がいます。感情が入ってしまって、結局、吸収できていない気がします」

まず「自分の経験やものの見方」は「自分らしさ」につながりますから、ぜひ、大切にしていただきたいものです。長い業務経験から培われた、それらの経験や視座は、「邪魔なもの」というよりも、むしろ捨ててはいけない「重要な資本」でしょう。

しかし一方で、そこに「こだわりすぎる」と、新たな内容を学ぶことの障害につながってしまいます。

そうしたときには、自分の経験や成功体験を、一瞬だけ期限を決めて「かっこでくくること」にチャレンジしてみて、新たな情報を受容してみましょう。つまり、この数時間だけ、あるいは、この数日だけは、と期限を決めて、いったん自分の経験やものの見方から自由になるのです。新たなことを学び、数時間たっても、数日たっても、それでも、自分の経験やものの見方が大切だと思えば、それはそれでよいのです。何も、それらを疑ったり、手放す必要はありません。

僕には、こんな体験があります。

僕自身が「一人の学び手」として、ある勉強会に出かけたときのことです。プロフェッショナル向けの場でしたので、それを生業とする人が多く参加されていました。すると、そういう人々の間でも、こういうことが起こるのです。

講師が説明をすると、受講者からすかさず「それは○○分野の××と、いっていることが同じですよね」と質問ともコメントともいえないような挙手があるのです。

これは一見、吸収が早いとも思えますよね。けれども僕は「なぜもっと、素直にまっさらな気持ちで学べないのだろう、考えられないのだろう……」と思ったのです。

自分の専門知識の色メガネをかけた状態で話を聞いてしまっては、ありのままに受け取ることができません。自分の既存の知識や経験を、いったん「わき」におき、素直に吸収することで正しい知識が得られ、その後の糧になるのではないでしょうか。

「自分の経験やものの見方」をいったんでも「手放す」というのは勇気のいることです。しかし、その勇気をもつことで、これまで疑うことのなかった「今までのやり方」を改善できるチャンスに恵まれます。

ぜひ、期限を決めて、いったんは自分の日常を「手放すこと」にチャレンジしてみてください。

図「3つの原理原則」はOS、「7つの行動」はアプリ

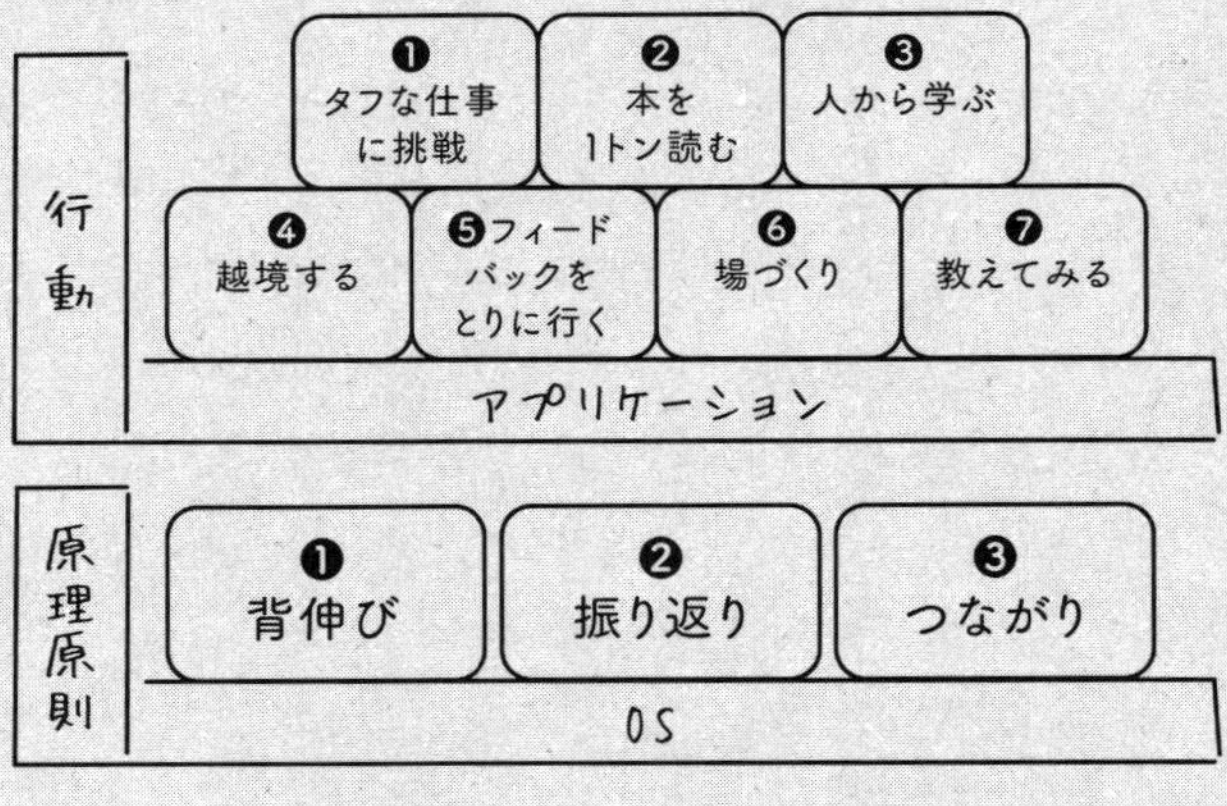

ここでは、少し遠回りになることを覚悟しつつ、まずはOS部分、

原理原則①　背伸びの原理

原理原則②　振り返りの原理

原理原則③　つながりの原理

これらについて、ひとつずつ説明していきましょう。

Chapter 2

「大人の学び」3つの原理原則

僕の専門は「人材開発」です。世界各国の人材開発、人材マネジメントに関する論文、書籍は当然、目にしていますし、また、年間で数千人のビジネスパーソンと対話を行ったり、調査でお会いしています。

本書では、このような僕の知識や経験を活かしつつ、ここからは「大人の学び方」をお話ししたいと思うのです。

ご紹介したい「大人の学び」の学び方は、「3つの原理原則」と「7つの行動」から成立しています。イメージとしては、右の図のように「3つの原理原則」がコンピュータのOS（オペレーティングシステム）のように、すべての基盤になる考え方。このOSにChapter 3でお話しする「7つの行動」というアプリケーションが乗っかっているイメージです。

気の早い人は、「どのように学べばいいか？（How to learn）」というアプリケーションの部分、すなわち具体的な行動に関心がうつってしまうかもしれません。

しかし、具体的な行動やハウツーに目を向けてしまう前に、そもそも「大人はどのようなときに学べるのか？」という、3つの原理原則を理解しておくことは、のちのち大きな違いを生み出します。

原理原則①
背伸びの原理
楽しくて感謝されることに、まずはチャレンジしてみる

▼今日の背伸びは明日の日常

まず第一にご紹介したいのは、「背伸び」の原理です。「背伸びの原理」とは、「人間が能力を伸ばすときには、なんらかの背伸びを必要とする」という原理です。[*8]

「背伸び」とは、「現在の能力では少し難しさを感じることで、自らがんばったり、他人の助けを借りれば、実現は不可能ではないこと」を指します。

端的に申し上げれば、能力を伸ばすには、意識的に今の能力ではできないことにチャレンジしていくことが求められます。

「今日の背伸びは明日の日常」

ではないですが、「背伸び」にチャレンジしていくことで、いつのまにか、できなかったことができるようになったり、苦手だったことが不得手ではなくなったりするものです。

これを概念図に描くと、左の図のようになると思います。

背伸びにチャレンジ!

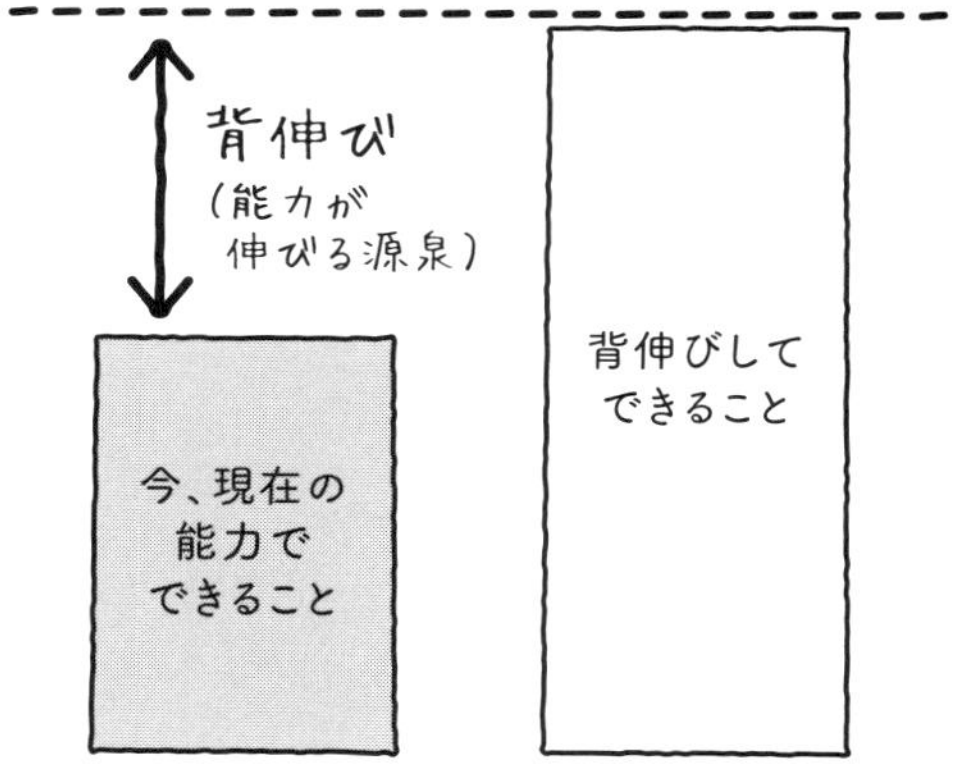

左の棒は、「現在の能力でできること」が表現されています。

あなたのまわりにも、「決まりきったルーティン」になった作業や、「もう先が見えているタスク」があると思います。これが、この棒で表現されている仕事のレベルです。

しかし、こうした「ルーティン」や「タスク」をいくらこなしていても、人間の能力の伸張は望むことができません。先ほども述べたように、**人間の能力を伸ばすためには、右の棒、すなわち、今ある能力では**

＊8　人材開発の専門家のために解説を付記しておきます。ここでは、経験学習理論におけるストレッチ（Stretch）、Developmental Challenge（発達的チャレンジ）のことを、それらの専門用語を用いず解説しています。

実現は難しいけれど、なんとかがんばればやれそうなことへの挑戦、すなわち「背伸びしてできること」が必要なのです。

▼ハードルが高すぎる「混乱空間」にいないか

今度は、これを別の角度から述べてみましょう。

今、仮に、背伸びをしようとしている大人の心理状態をあらわす概念図として、左の3つの円からなるゾーン（領域）があるとします。

まず、**コンフォートゾーン（快適空間）とは、「現在の能力で十分、対応が可能な仕事やタスク」をこなしているゾーン**です。いつものことを、いつものようにやるだけなので、とくに負荷は感じません。居心地のよいコンフォートゾーンですが、しかし、ここにあまり学びや変化は起きません。

次の外側のストレッチゾーン（成長空間）。実は、ここが大人が一番よりよく物事を学べるゾーンです。

ここでは、現在の能力では対応はかなり難しいけれども、なんとかがんばれば、達成は不可能でないような挑戦要素のある物事へのチャレンジが求められます。大人が

背伸びをしようとする大人の心理状態

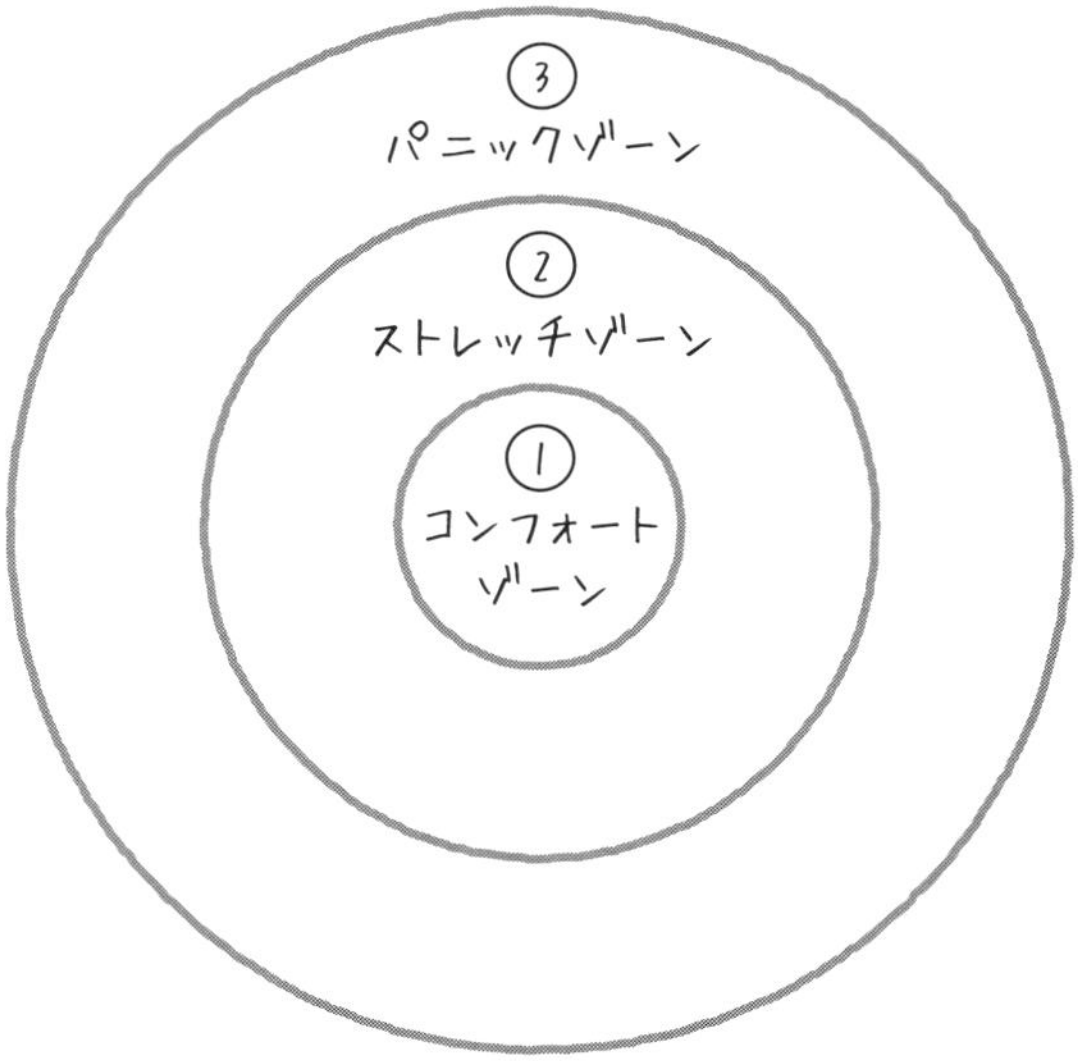

① コンフォートゾーン（快適空間 confort zone）

・いつもの仕事をこなしている
・まったり、ほんわかゾーン

② ストレッチゾーン（成長空間 stretch zone）

・適度な背伸びの仕事を任されている
・能力が伸びている

③ パニックゾーン（緊張空間 panic zone）

・無茶ぶりの仕事を任されている
・パニック、恐怖と不安で能力どころではない

学ぶためには、このストレッチゾーンに自らをおく必要があります。

ただし、3つめの円、すなわち一番外側の「パニックゾーン」に入ってしまうことは注意が必要です。このゾーンでは、現在の能力や実力に比べてとんでもなく高い挑戦が求められます。ここに人が入ってしまうと、パニックに陥ってしまいます。

パニックゾーンにいると、「できない、できない」と不安に苛まれたり、過剰な背伸びに気後れしてしまったりして、心理的混乱をきたしかねません。要するに学びどころではなくなってしまうのです。

大人が学ぶためには、常に自分の「今」を俯瞰し、自分が今、どのゾーンに身をおいているかを考えなくてはなりません。

「快適空間」でぬるま湯にひたってはいないか。あるいは「緊張空間」でパニックに陥ってはいないか。はたまた、適切な「成長空間」にいられているかを考えなくてはならないということになります。

大人の学びは、大人自らが「学びのイニシアチブ（主導権）」をもち、常に自らをウォッチする自分をもたなくてはならないのです。

一般的に「子どもの学び」は、多くの場合、先生が主導してくれます。先生は「教える内容」や「教える順番」を決めて、懇切丁寧に教えてくれます。子どもは多くの場合、「先生の教えてくれる知識を吸収すること」を実行します。

たとえば小学校高学年ぐらいなら、〈密度＝質量÷体積〉という公式を覚えて、様々な単位量あたりの計算ができるようになります。公式は、先生が教えてくれます。

けれども、「大人の学び」には、多くの場合、最後まで懇切丁寧に「学び」を主導してくれる「先生」はいません。一時的に講師やファシリテーターがつく研修やセミナーは存在するかもしれませんが、それとて、一時的なものなのです。

大人の学びは、先ほどの原理原則を頭に入れて、あくまで自分で主導権をもち、動かなければなりません。ときどきは、自分自身がどのような状態にあるか、その状況を自ら俯瞰して見つめることを行わなくてはなりません。そして動くときには、常に「背伸び」を意識することです。

ワンセンテンスで申し上げるなら、

「背伸びなくして学びなし、学びがあるところに、背伸びあり」
「学びの主導権は、自分にあり」

なのです。

▼「何から始めればいいか？」を考えるときの2つのヒント

さて、ここまで「大人の学び」に背伸びが重要であることはご理解いただいたとして、わたしたちは次なる問題に直面します。

それは、どのような方向に「背伸び」をすればいいのか、という問いです。もう少し具体的に述べるのであれば、何に取り組めばいいのか、何から始めればいいのか、ということになります。

これに関していえば、僕は、よく次の2つのヒントをさしあげることがあります。

①楽しみを感じることにチャレンジする
②感謝されることにチャレンジする

ということです。

どんな背伸びにチャレンジすればいい？

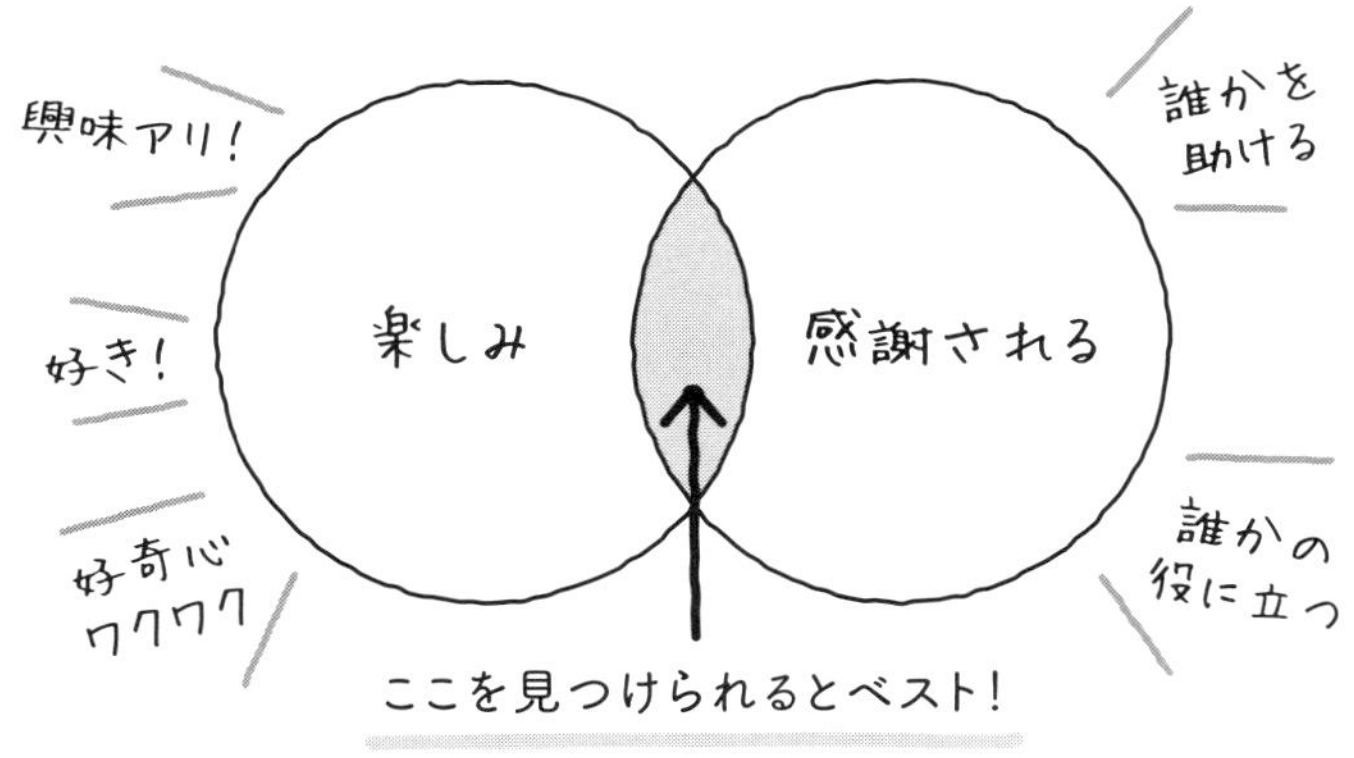

このうちいずれかひとつ、可能ならば2つを満足させる領域にあるものを選び、背伸びをしてみてはいかがでしょうか。

まず第一に「楽しみを感じることにチャレンジする」というのは、あたりまえのことのように感じられるかもしれませんが、意外に「忘れ去られがちな視点」です。

人は背伸びするとき、どのような背伸びを行えばいいのかというと、まずは「自分が楽しいと感じられること」、いいかえるならば**「知的好奇心を感じること」「興味関心のあること」にチャレンジしたほうが、結果として長続きするし、キャリアにもつながります。**

Chapter 4の「学びの履歴書」で、7名の人たちの学びのストーリーを読んでいただきますが、多くの人が「最初の背伸び」に選んでいるのは、実は「楽しみを感じること」「好きなこと」「興味関心のあること」「好奇心を感じること」なのです。

反対に、残念ながら、**重要性はわかっていつつも長続きしなかったことや、結局、キャリアを切り開くことには貢献しなかったことは何かというと、「世間的に、やればいいといわれていること」や「社会的に大切だといわれていること」です。**重要性は頭ではわかっていつつも、興味関心がもてない場合には、やはり長続きしません。

多くのビジネスパーソンが、世間や社会を気にして、それらの場で重要だと思われることにチャレンジしていますが、結果はChapter 4を見るようにさんざんです。

Follow your heart!（心の声にしたがえ）

やはり自分が楽しいと思える内容、好奇心を駆り立てられる内容に背伸びをしなければ、あとが続かないようです。理由はいくつも考えられますが、最大の理由は、

「背伸び」という概念、そのものにあるでしょう。

先ほど述べましたように、背伸びとは「今ある能力では到達できないけれど、なんとか手助けを借りることができれば到達できること」です。

背伸びが背伸びであるのは、そこに程度の差こそはあれ、「Hardさ（一生懸命さ）」が必要だからでしょう。Hardさを発揮し、何とかかんとか物事を達成するには、「Fun（おもしろく）」がなくてはなりません。

すなわち、**背伸びを乗り切るには「Hard fun!（楽しいからこそ、がんばれる）」でなくてはならないのです。「Hard Hard」な状態では、背伸びを何とか乗り切ることはできないかもしれません。**

次に、もうひとつの「他人から感謝されること」を実践してみるとは、どういうことでしょうか。

まず誤解を避けるために申し上げますが、ここで「他人から感謝されること」といっても、イコール「ボランティアをする」とか「慈善事業に参加する」といったことだけを指し示すのではありません。

もちろん、ボランティアや慈善事業に「楽しさ」を感じるなら、そうすればよいと思います。しかし、ボランティアなどの本格的な利他行動にとりかからなくても、もっと日常的なことからできることがありそうです。

背伸びをするときには、「誰かを手助け」したり「誰かの役に立ってみる」ことで「他人から感謝されることをめざしてみる」ことでよいのではないかと思うのです。

僕が、なぜこのようなことをいうかというと、人がどのような方向にチャレンジしていいかわからないというときは、たいてい「自分が弱っているとき」だからです。「弱っている」とはいいすぎかもしれませんが、少なくとも、何かやらなくてはいけないとはわかっていつつも、しかしながら、その先行きが不確実で曖昧として、何から手をつけていいかわからない……。

つまり、「わたし」がわからないという状態は、個人にとっては、どこかしんどいものなのです。そんなしんどいとき、弱っているときに、ぐりぐりと自己の内面をまさぐっても、何も出てこないことが多いのです。

これに関しては、哲学者の鷲田清一さんがこんなことをおっしゃっています。

胃の存在はふだんは「意識」しない。その存在は「故障」してはじめて意識する。同じように「わたしは誰？」という問いは、たぶん「わたし」の存在が衰弱したときにはじめて際立ってくる。

（鷲田清一『じぶん・この不思議な存在』（講談社現代新書）より）

人はときには、一人で孤独に考え込むことも大切なのかもしれませんが、**「わたしの存在が弱っているとき」に、自分の内面やインサイドを、自分一人で、えぐって、背伸びの方向性を探しても難しいのではないかと思うのです**

ですので、そのようなときには、まずは「自分から離れる」。ないしは、「自分を手放す」。視点を変えて、「他人から感謝されること」を試みてはどうかと思うのです。

「他人から感謝されること」に背伸びをしてみると、いったいどうなるでしょうか？

まず、自分は「他人から感謝されること」を成すのですから、貢献した第三者や周囲から「承認」されたり、感謝されます。

こうした**「ポジティブな他者からの言葉」**で、**「弱っている自分」「途方にくれている自分」を快復させてあげることが大事かなと思います。**

他人からの感謝や承認は、背伸びに取り組み続けるモティベーションを、あなたに与えてくれるかもしれません。

▼大切なのはまずはやってみること

以上、学びの原理原則の第一原則として、人間の能力を伸ばすためには、背伸びが必要である、というお話をしました。

仕事柄、多くの学生やビジネスパーソンにお会いして様々な話をしますが、「背伸びの原理」のことをどんなに話しても、アクションをとらない人もいらっしゃいます。

「本当に自分に必要な背伸びはこれなんだろうか？」

「この背伸びが、自分が求めていたものなんだろうか？」

とおっしゃるのです。そんなとき、僕はよくこんな話をします。

「何からとりかかっていいかわからない」「これが本当に求める背伸びなのか」という疑問をもっている「今の状態」を、まったく恥じることも責める必要もありません。何か新しいものにチャレンジするのですから、そうした問いが生じてしまうのは当然でやむをえないことなのです、と。

しかし、だけれども、その問いに対する「答え」は、「まずは勇気を出して、何かに取り組んだ人にしか得られないですよ」とも申し上げます。

それは**「これが本当に求める背伸びだったのか」「この方向で伸びていくのが自分にとってよいのか」は、何かに取り組んでみた結果、そこで生じた結果を「見つめること」、後付けにしか、わからないものだからです。**

何にチャレンジしてよいかわからない。わからないけれど、「これかな」と思って、ちょっと踏み出してみた。そうしたら、それはやりたいことと違った。そこには「ズレ」があった。

だったら、次は、前とは異なる方向で背伸びの方向を探ればいい。

何にチャレンジしてよいかわからない。わからないんだけれども、今度はこれかなと思って一歩、勇気を出して踏み出してみた。そうしたら、知的好奇心がわいてきて、楽しみつつ、以前よりは関わることができた。
ならば、それが求める背伸びの方向性であったということになる。

つまり、大切なのは「まずはやってみること」。

そのうえで、「生じた結果」に対する違和感や「ズレ」を自分自身で感じることからしか、本当に正しい背伸びの方向はわからないのです。

反対に、いつまでたってもやりたいことがわからない人は、「やりたいことがわからない、わからない、わからない」……だから動かないという人です。**動かないのですから、そこでは「違和感」も「ズレ」も感じることはできません。そうすると、自らをどの方向に転換したらよいのか、いつまでたってもわかりません。**

大人にとって必要なのは、まず、動くことです。とりあえず、「これだな」と思った方向に背伸びをしてみる。何をやっていいか、まったくわからないときには、「楽しみを感じること」「他人から感謝されること」に取り組んでみる。そのうえで生じる結果を見つめながら、ときおり方向転換をしていくことが大切だと思います。

まずは動いてみる

原理原則②
振り返りの原理
定期的に3つの問いと向き合う習慣をつける

▼「振り返り」は経験を学びに変える

「背伸びの原理」に続いて大切な「大人の学びの原理原則」の2番めは、「振り返りの原理」です。

振り返りの原理は、昨今、リフレクション（Reflection）と英語で表現されることも多いので、どこかで耳にした人もいるかもしれません。

振り返りとは、「過去の自分の行動を見つめ直し、意味づけたうえで、未来に何をしなければならないのかを、自分の言葉で語れるようになること」です。

振り返りは、「人が経験から学ぶとき」に、どうしても必要になる行動です。仕事をしていれば、誰しも様々な経験をします。しかし**経験は、そのまま放置しておいても、学びにはつながりません。**経験を学びに変えていくために必要なのが「振り返り」という活動です。

人は、自分の言葉で言語化できたことしか、できるようにはなりません。振り返りを通して、経験から様々な学びを生み出していく必要があるのです。

振り返りのための具体的な方法についてお話ししましょう。

▼3つの問いに考えを巡らす

振り返りは、

①What？（過去に何が起こったのか？）

②So what？（どのような意味があったのか？　何がよくて何が悪かったのか？）

③Now what？（これからどうするのか？）

この3つの問いに対して、考えを巡らすことで深まっていきます。

それでは、具体的にどのように振り返りをすればいいのでしょうか？

たとえば、先週あなたは、ある重要なプレゼンテーションの準備でミスをしてしまったとします。部長から、「提案内容がロジカルじゃない」というお叱りを受けました。自分としては、いつものように論理的に話していたつもりでしたが、どうやら、上司には伝わらなかったようです。

来週には、重要な顧客相手に、プレゼンテーションの本番が迫っています。同じミスを繰り返さないためにも、ここはしっかりとした振り返りをしておきたいものです。

このとき振り返りは、たとえば次のような3つのプロセスで進行します。

① What?：何が起こったのかを思い出す

プレゼンテーションでロジカルに提案内容を組み立てることができませんでした。自分としては、論理的に話していたつもりですが、相手には伝わらない内容になっていました。こうしたことは、自分にはあまり起きたことはありません。

② So what?：どんな意味があったか？　何がよくて何が悪かったのか？　を考える

自分はふだんはロジカルに物事を考えることができているのですが、今回のプレゼンのなかには、初めて目にするいくつかのデータが挿入されていました。これを自分

振り返りの3つのプロセス

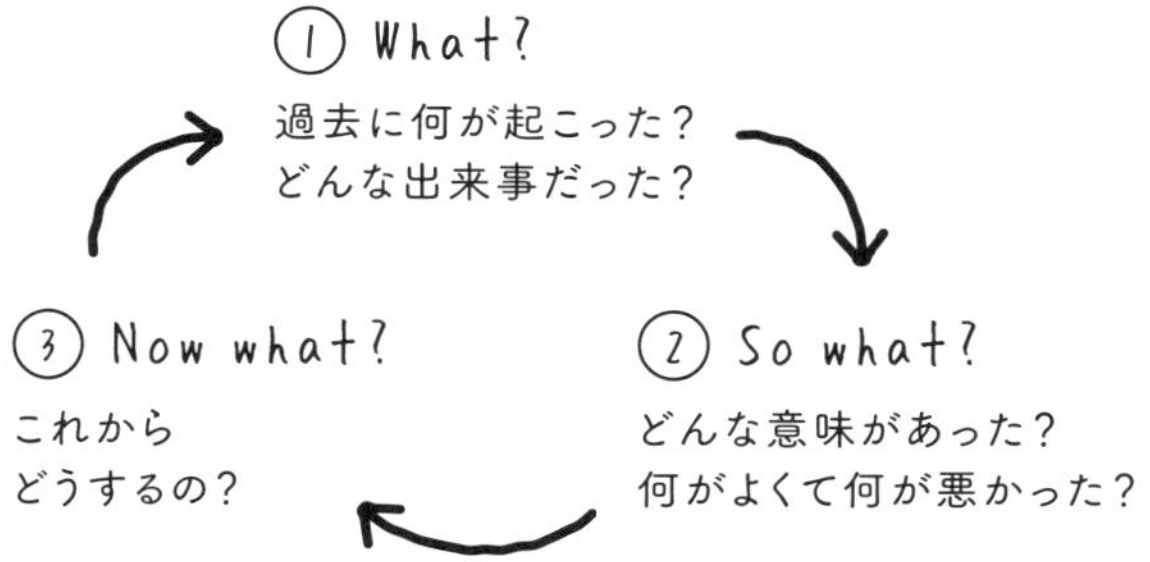

振り返りの原理

の言葉でうまく伝えられませんでした。

初見のデータが挿入されていたのは、最近、業務が立て込んでいて、プレゼンの資料を自前でつくりこむ時間がなく、他人のパワーポイントのスライドをコピペして用いてしまったことが理由です。

コピペした他人の資料を、自分の言葉で伝えられませんでした。

③ Now what?：これから どうするのか？

根本的な原因は、業務が立て込んでいてプレゼンの資料を自前でつくりこむ時間がなく、他人のデータをコピペしてしまったことだと考えました。

よって今後は、プレゼンテーションのある週は、かなり前もって準備を行うことにしました。やむなく、他人のパワーポイントのスライドをコピペするときには、前後のつながりをもう一度見直すことも決めました。

いかがでしょうか？

ともすれば、「ロジカルにプレゼンテーションを行うことができなかった」＝「自分の論理的思考力が足りない」と意味づけられてしまいがちなこの現象を、「What？→So what？→Now what？」の3つのプロセスで「深掘り」を行うことで、根本的な原因にたどりつき、今後のあり方を考えることができます。これが「振り返り」です。

▼「高見」に立って自分の状況を俯瞰的に見てみる

このような振り返りは、少し時間がかかります。

一般に、ふだんの僕たちは、日々の仕事に追われて、目の前のことに対処するので精いっぱいです。一般に過去を振り返り、未来を構想する時間など、ほとんどの人にはありません。
しかし、過去を見直さなければ、同じようなミスや間違いを、わたしたちは再び繰り返してしまうことがよく起こります。
できれば、毎日ではなくてよいので、日常の自分には何が起こって、それにはどんな意味があって、そのうえでこれから何を成していくかを、自分の頭で考える習慣をもちたいものです。

言葉を変えるのであれば、**振り返りの時間とは「個人が行う作戦会議」のようなものなのかもしれません。**

一般に「作戦会議」というと、チームや集団が目標達成のために行う会議のことをさします。しかし不確実な時代にあっては、個人が自分の脳内で、自分をコントロールし、正しく自らのキャリアを歩むために「作戦会議」をする必要があるのではないでしょうか。

また、別の表現でいうと、**振り返りとは、自分の状況を「メタ（上位）」な視点に**

立って眺めることでもあります。

ただただ日常を漠然と生きてしまうのではなく、たまには「高見」に立って、自分の状況を俯瞰的に見てみる。それが、振り返りであることに他なりません。

自分をメタにあげて
「作戦会議」

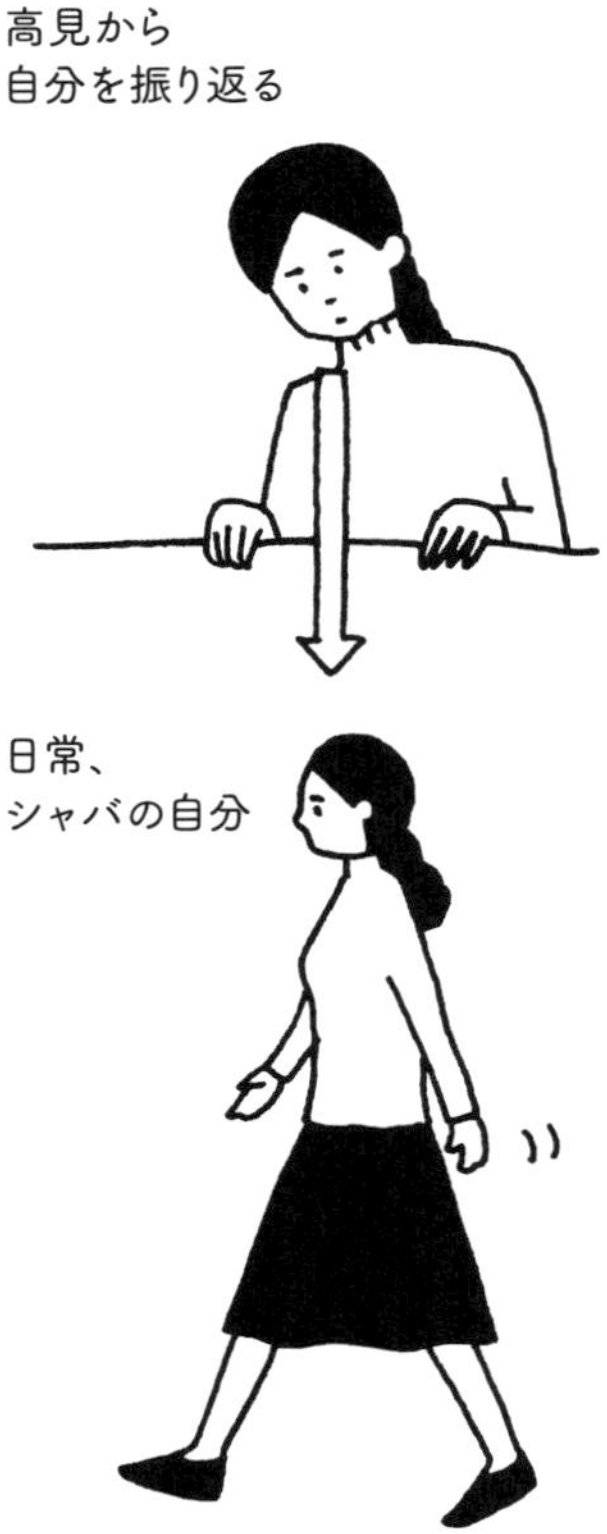

フランスの文筆家にブールジュという人がいて、彼の名言にこんなものがあります。

『自分の考えたとおりに生きなければならない。そうでないと、自分が生きたとおりに考えてしまう』

この世には2つの生き方があります。ひとつは、「世間や押し寄せる雑事に流され、自分が生きたとおり、生きてしまう生き方」。一方で「折に触れて生き方を考え、考えたとおりに生きる生き方」があります。

もちろん、いくら考えたとしても、実際には、なかなか考えたとおりには生ききれないのが世の常です。

しかし、**まったくの思慮なく、押し寄せる雑事に自分の生き方を任せてしまうのは、不確実な世の中にあっては、「漂流」に他なりません。**

折に触れて、自分を俯瞰的に見つめ、考え直す勇気と機会を持ちたいものです。

▼みんな「振り返り」は苦手

ちなみに、原理原則②「振り返りの原理」は、原理原則①「背伸びの原理」の裏表をなす関係にあります。背伸びの原理を、今、あえて「挑戦行動（チャレンジを含むアクション）」だと考えるのならば、こうもいえるのです。

アクションなくしてリフレクションなし。

⬇ **（挑戦行動なくして、振り返りなし）**

リフレクションなくしてアクションなし。

⬇ **（振り返りなくして、挑戦行動なし）**

原理原則①の「背伸びの原理」で見たように、人間は背伸びを繰り返しながら、自分の能力を高めていきます。

別の言葉でそれを表現するのでしたら、人間はもともと「アクションオリエンティッド（Action-oriented）な生き物（行動が好きな生き物）」であるともいえます。

そして、アクションが好きな人間であるからこそ、ともすれば、忘れ去られがちなことがあるのです。それが「振り返り」です。背伸びのアクションを成したあとは、必ず振り返りの時間をもちたいものです。

先ほどお話ししたとおり、人が能力を高めるためには、経験を経験したままに、そのまま放置しておくことには問題があります。

こうした状態のことを「這いまわる経験主義（経験ばかりして、何も学べていない状態のこと）」という場合もありますが、なんの学びも得ぬままに、同じことを何度も何度も繰り返してしまうのは、大変非効率です。

周囲を見渡してみると、取り組んでいる出来事は違うものの、本質的には同じ間違いを繰り返している人がいないでしょうか。

「結局、『ホウレンソウ』を怠っているからそんな行き違いが起こるのに……」

「いつもいつも、同じタイプの人を同じパターンで怒らせているのに、なぜ気づかないのだろう？」

「毎回ぶつかっている壁は同じものなのに、なぜ反省をしないのか……」

このような人に決定的に足りていないのは、振り返りの原理です。

これまでの自分を振り返り、これからを構想する時間を大切にしたいものです。

原理原則③

つながりの原理

成長には他者からの支援が不可欠

▼他人とのつながりのなかに学びはある

ここまで「背伸びの原理」と「振り返りの原理」という2つの原理原則を見てきました。

「背伸び」をするのも、「振り返り」をするのも「個人」ですが、これから紹介する3つめの「つながりの原理」とは、「大人が効果的に学ぶときには、助けやアドバイスをくれる第三者が必要である」という原理になります。

学びの主人公は「自分」であることは疑いえないことです。

しかし一方で、人は、なかなか自分一人だけでは学ぶことができないともいえます。

信頼のおける他人に助言を得たり、コメントをもらったり、励まされたり……そうした他人からのサポートを糧にしていきながら、人は学びを実現していきます。

これが「つながりの原理」です。「学びとは、他人とのつながりのなかにある」、この原理のネーミングは、こんな思いに由来します。

実は、学習研究の歴史をひもときますと、長い間、人間の学習は「個人で完結するもの」といわれてきました。そんななか、「人が学習するには他者が必要である」と真逆の主張をしたのがロシアの心理学者・ヴィゴツキーという人です。

少し専門的な議論になりますが、ヴィゴツキーの提唱した理論に「最近接発達領域《さいきんせつはったつりょういき》（Zone of proximal development）」というものがあります。

「最近接発達領域」とは、ひと言でいってしまえば「成長の幅」のことをいいます。ヴィゴツキーは、人間の「学習」は、「自分一人でできるレベル」と、「他人に援助されたり、関わりをもったりしてできるレベルの間＝成長の幅」に生起すると考えました。

そして、その**「成長の幅」を引き伸ばしていくためには、他人からの援助や関わりが必要である**と考えたのです。

ちょうど絵にしてみると、次のページのような感じです。

この図のうち「実線」で描かれているのが「自分一人でできる今の自分」です。その

図 成長にはまわりのサポートや支援が必要

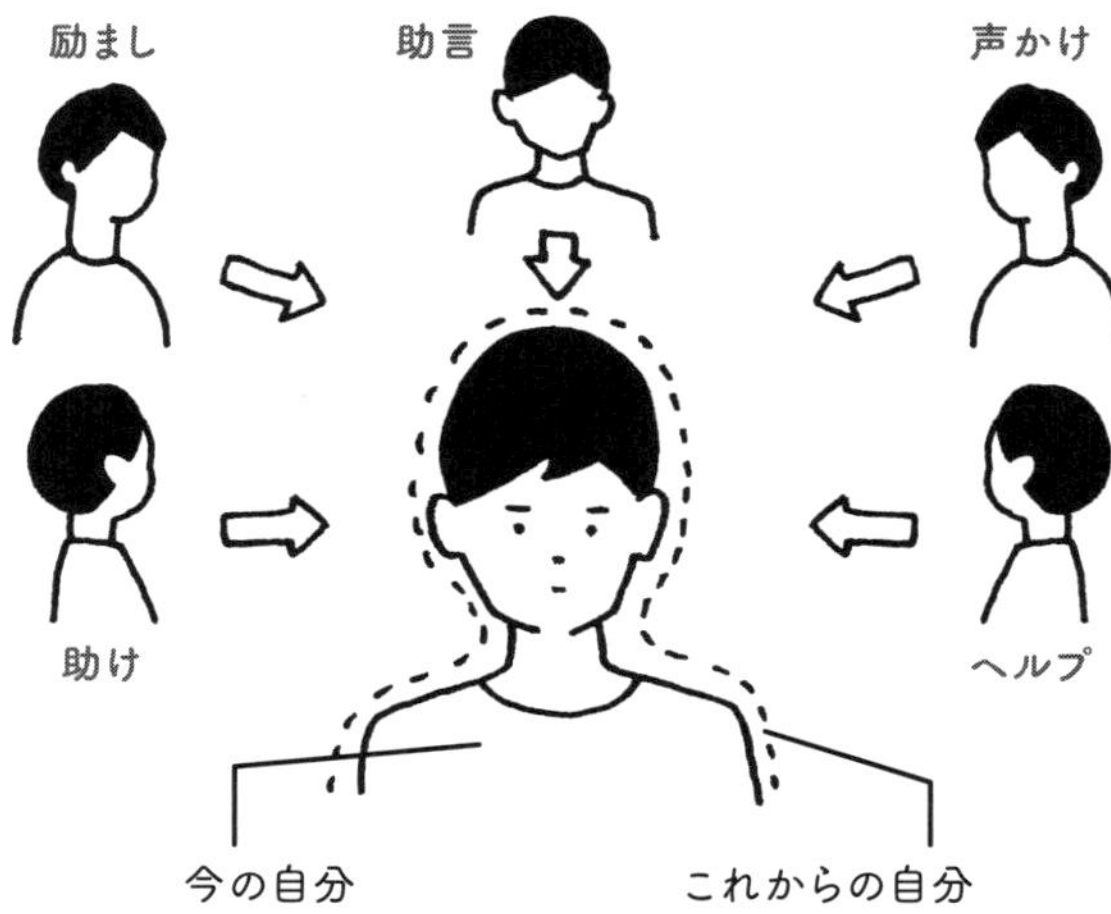

ひと回り大きなところには「点線」で描かれている「これからの自分」がいます。

人は「自分一人でできる今の自分」を脱して、「これからの自分」になるためには、他人からのサポートや支援を必要とします。助言をもらったり、声かけを受けたり、励まされたりといった「つながり」や「関わり」が大切なのです。

ちなみに、僕がかつて主に研究していたのは、この「つながりの原理」です。

かつて僕は、日本企業の職場では、能力を伸ばしている経験の浅い

僕の「つながりの原理」の研究によると…

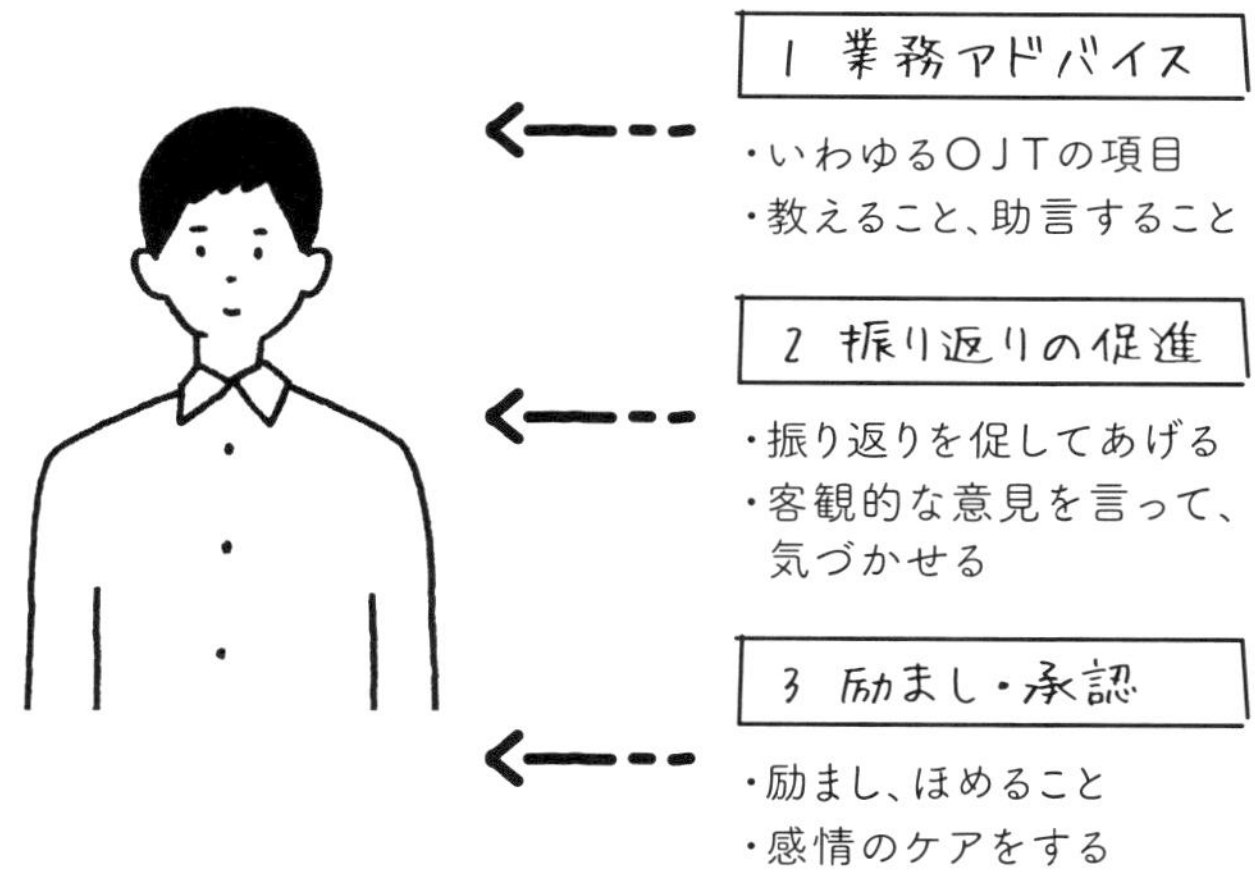
1 業務アドバイス
・いわゆるOJTの項目
・教えること、助言すること
2 振り返りの促進
・振り返りを促してあげる
・客観的な意見を言って、気づかせる
3 励まし・承認
・励まし、ほめること
・感情のケアをする

ビジネスパーソンは、どのような支援を他人から受けて、仕事のうえでの成長を遂げているかを研究しました。

日本企業43社、2300名のデータから導き出した結論は上の図の3つです。[*9]

やはり成長のためには、他人からの業務に関するアドバイスや、振り返り、励まし・承認といったものが大切なのですね。ちなみに、最もパワフルなのは「振り返り」でした。

＊9 中原淳（2010）『職場学習論—仕事の学びを科学する』（東京大学出版会）

これは原理原則②「振り返りの原理」に対応する結果となっています。

もちろん、他人からの支援といっても、いつまでたっても、他人に助けられているだけでは単なる「甘え」です。いつかは援助や支援を「解除」され、自分一人で生きていくことが求められます。左の図はそのことを表現しています。

右の方向にうつるようになればなるだけ、つまり一人前になっていくにしたがって、他人からの支援の量は少なくなり、自分でやる量が多くなります。

かくして、一番右の段階に到達すると、すべてを自分一人で行う段階に入り、めでたく「自律」ということになるのでしょう。

くどいようですが、**人は、一人ではなかなか変わることのできない「脆弱な存在」です。ですから、人とのつながりのなかで変わっていく、他者を鏡にしながら変わっていくということが非常に重要になるのです。**

つながりの原理は、このように「仕事のうえでの成長の源泉」でもあります。

ちなみに、僕自身は「つながりの原理」に関係することとして、常に自分自身で心

「めでたく自律！」までのプロセス

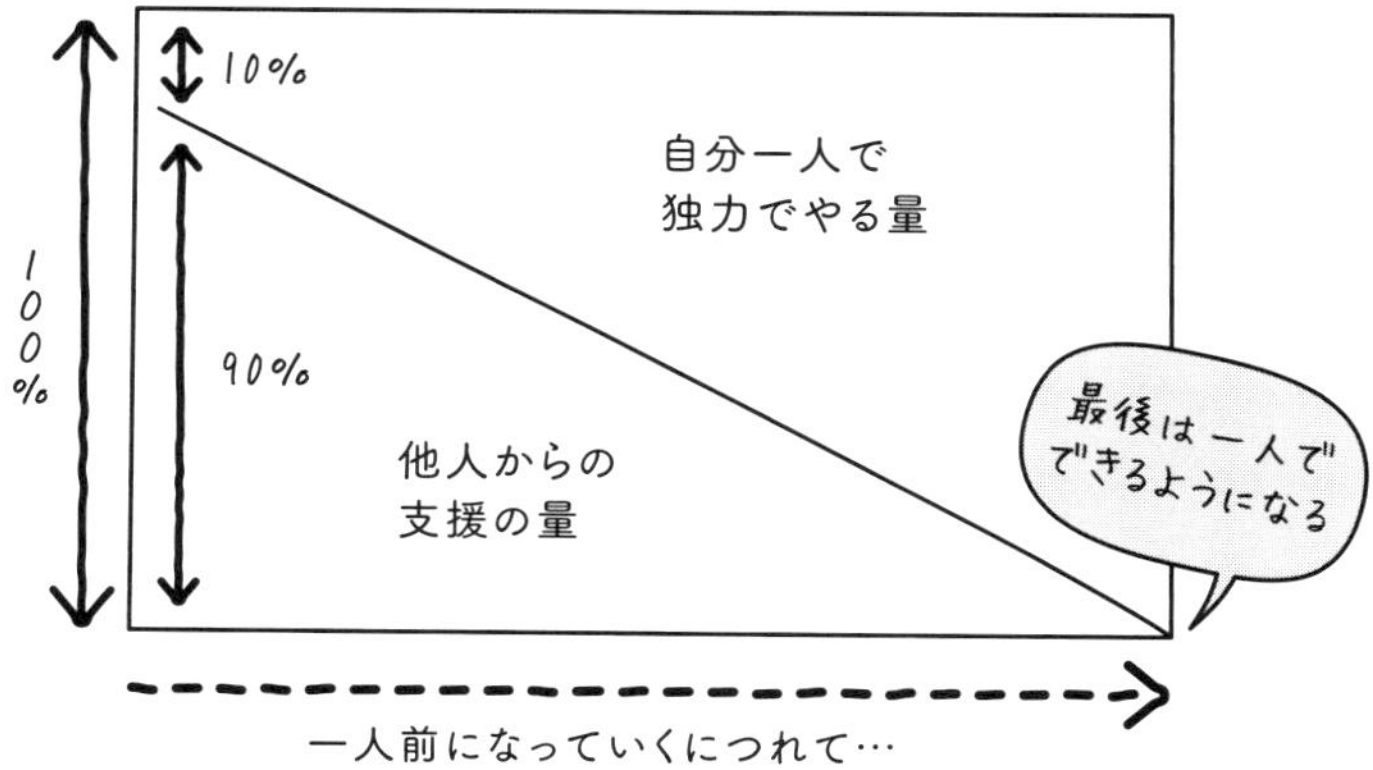

がけていることがあります。

僕自身は、いつも自分のまわりに、「2種類の人々とのつながり」を大切にしたいと願っているのです。

一人めは、客観的な意見やコメントをくれる「緊張屋さん」。二人めは、温かく励ましてくれる「安心屋さん」です。これは、79ページの図で紹介した「振り返りの促進」と「励まし・承認」に近い考え方かもしれません。

緊張屋さんは、「振り返りの促進」を僕に提供してくれます。

「中原さん、今のあなたは…………に見えるけど、このままでいいの？　自分としてはどう思っているの？」

「緊張屋さん」と「安心屋さん」、僕は両方の人とつながっている

と強烈な角度からキツイ言葉を刺しこんでくれます。

一方、「安心屋さん」は、

「中原さん、あなたはそのままで大丈夫だから。がんばっているよ」

といってくれます。

僕は、自分が正しい方向で仕事を続けることができるために、この両方の人との関わりを保っていこうと心がけています。

▼成長実感がもてないときこそ3つのことに向き合おう

さて、ここまで「背伸びの原理」「振り返りの原理」「つながりの原理」という3つの原理を見てきました。

みなさんがどのような学びをしようとも、何に悩もうとも、学び、変化しなければならない局面では、背伸びや振り返り、そして他者とのつながりが必要になります。

これらをしっかりとまずは押さえておいていただきたいと思います。

これらは「抽象度」の高い概念かもしれませんが、あらゆる側面でチェックいただけるようなものかと思います。

成長の実感がもてないときには、

- **最近、背伸びしている？**
- **振り返りの時間、ちゃんともてているかな？**
- **信頼できる人との接点、もてているかな？**

と問い直してみてください。

次のChapter 3では、抽象度の高かった「原理原則」から、大人が学ぶためには、具体的にどのような行動をとっていけばいいかを考えていきたいと思います。

Column-2

身近にいるいる？ 自分もあるある？『学び迷子さん』にご用心！

パターン② 「あの人のおススメ情報に弱い迷子さん」

『○○さんおススメのセミナーだから……』『○○さんが読んだほうがいいといったから……』など、常に『誰かの評判』で動く人がいます。だから、系統はバラバラ。本人の道筋がハッキリせず、まわりから見てても困惑します」

「起業に向けて、『知らないから知りたい！』と思ったセミナーをガンガン受けています。受けているけれど、セミナーの内容と自分の状況が合致していない……という感じも。己を知るための強み発掘、SNS講座、スマホの使い方講座、税理士さんの講座……結局何から始めればいいかわからなくなりました」

尊敬する人にすすめられた何かを学ぶ。

本を読む。

良い学びのキッカケです。

おススメの情報を活用したり、後者の人であれば、起業へのプロセスとして王道の学び方があるのであれば、それを試したりするのも悪いことではありません。

ここで気をつけなくてはならないのは、後者の人もいっていますが「自分の状況と照らし合わせながら選ぶ」ということ。モデルとなる人のおススメが、すべてあなたに合うとは限りません。

自分で選ぶことを放棄せず、参考に留める姿勢も時には必要かもしれません。

「大人の学び」を加速する「7つの行動」は、次のとおりです。

行動① タフアサインメント＝タフな仕事から学ぶ
行動② 本を1トン読む
行動③ 人から教えられて学ぶ
行動④ 越境する
行動⑤ フィードバックをとりに行く
行動⑥ 場をつくる
行動⑦ 教えてみる

「7つをすべてやるべき」という意味ではありません。「これが足りていないな」と思うものに取り組んでもよし、自分はこれが足りていなかったのだなと考えるもよし。それぞれの環境や、手の届きやすい範囲から実践いただければけっこうです。

Chapter 3

「大人の学び」7つの行動

この章では、大人の学びを「具体的な行動」に引きつけて、話をしていきましょう。

行動がなぜ大切なのか。わたしたちは「行動」を通した「結果」からしか、「今後の可能性」や「今後の変化」の方向性の正しさを見定められないからです。

何かをやってみる。何かをやってみさえすれば、よきにつけ、悪しきにつけ結果が生まれ、あなたの内面には「感情」が生まれます。

これは自分の方向性とは違うな。

こっちの方向に自分は進んでみたいのかもしれないな。

つまり行動して、得られた成果、それにまつわる感情をもってしか、人は自分の方向性を決められないのです。だからこそ、行動が大切なのです。原理原則を常に意識しつつ、具体的にどのような動き方をしたらいいのか？ を考えてみたいのです。

行動①

タフアサインメント＝タフな仕事から学ぶ

▼「自分の仕事のなかで学ぶ」のが最も効率的

タフアサインメントとは、「仕事をするなかで、時に、前例のないタフな仕事に挑戦することが、ビジネスパーソンにとって最も大きな学びの機会である」ということです。

自分の能力ギリギリのところで全うできるような、タフな仕事。会社が伸びていく方向に貢献するようなタフな仕事こそが、仕事のなかでの成長の源泉であるということでしょう。

わたしたちがオフィスにいる時間は膨大です。ある試算によると、60歳まで同じ会社で働くとすると6万8000時間くらいにものぼるそうです。

小学校から高校までの、いわゆる教育機関で過ごす時間は、だいたい1万4000時間といわれ、わたしたちは、その約5倍の時間を、オフィスで過ごしていることになるのです。

ということは、**ホワイトカラーのビジネスパーソンにとって、**

職場を「学び舎」にする、つまり職場で仕事を通じて「学ぶ」ということが、実は一番の根本になります。

「えっ、職場を学びの場にするの？」
「仕事のなかから学ぶことを考えるの？」
「学ぶなら、スクールとか行かなければならないんじゃないの？」
「学ぶのなら、資格をとらなきゃダメなんじゃないの？」

僕が「職場で仕事を通じて学ぶ」と申し上げたことに、いぶかしがっている人もいらっしゃるかもしれません。実際、大人の学びというと、資格取得やスクールへの登録など、すぐに職場外の教育機関を思い浮かべる人がほとんどです。

しかし、ここで振り返ってみてください。

第一に、わたしたちは、**信じられないくらいの長い時間を、職場で仕事をしながら過ごしています。これを学びに活かすことが、実は、学びの時間を確保するうえで、**

最も効率的であることに気づかされます。

第二に、わたしたちは仕事のなかで役立つものやスキルを学びたいと願っています。**仕事のなかで最も役立つスキルは、仕事の現場から離れて身につくでしょうか。**

いいえ、そうではないでしょう。

学びはいつも、それを用いる文脈に紐付いています。**仕事の現場で必要な知識やスキルは、仕事の現場から離れて学ぶのではなく、仕事のなかで学ぶことしかできない、ということです。**

かくして、大人の学びにとって最も効率的なのは、「自分の仕事のなかで学ぶ」ということになります。

もちろん、外の世界にも貴重な学びの機会はあります。キャリアチェンジなどをめざすときには、そうした学びが効果的なところもあります。しかし、ビジネスパーソンにとって最も基本的なことは、自らの仕事を、学びに満ちたものにしていく工夫をしていくことであり、仕事の時間を活かすことです。

▼「今の能力でこなせるか微妙なくらいのタフな仕事」か

「仕事のなかで学ぶ」とはいいますが、具体的にどのように学べばいいのでしょうか。それが、行動①「タフアサインメントから学ぶ」ということです。

「タフアサインメントから学ぶ」の「タフさ」とは、2つの意味があります。

まず第一に、「自分の能力ギリギリで全うできるくらいの仕事の難しさ」ということです。50ページの原理原則①「背伸びの原理」で申し上げましたが、人は、現有する能力でラクラクできるようなことをこなしていても、能力は伸びません。

「今日の背伸びは、明日の日常」よろしく、「今、現在の能力では、こなせるかどうかが微妙なくらいのタフな仕事」から人は多くを学ぶことができます。

▼「会社が伸びていく方向に貢献できる前例のないタフな仕事」か

第二に、その仕事は「会社が伸びていく方向に貢献することのできる、前例のない困難を伴うような仕事」でなければならないということです。

たとえば、**会社が成長事業と位置づける仕事への挑戦。経営から期待の集まる新規**

事業の経験、あるいは、全社的に注目の集まる組織横断のプロジェクトの経験。

そのような「前例のない困難を伴うような仕事」に挑戦していくことが、結果として、よい効果をもたらすことが多いものです。

▼経験はいわば「資本」

ビジネスパーソンにとって、**大人の学びとは、単に「学ぶこと」ではありません。組織が伸びていこうとする方向に自分を同期させることで、より有利な仕事の条件や職位を手にすることができます。**左の図を見てください。

縦軸は「学べている／学べていない」、横軸は「その学びが会社の伸びる方向に沿っている／沿っていない」という軸です。

①の領域は「会社の伸びる方向に沿いながら学べているような理想の状態」を示します。対して②の領域は「学べてはいるが、会社のベクトルには沿っていないもの」を示します。まったく学べていない③や④の領域はめざすべきものではないでしょう。

ここで悩ましいのは②の領域です。②はたしかに「学べている」のですから、「よい」とも意味づけられます。学ぶこと自体が楽しく、自己目的化している学びも、時

ビジネスパーソンにとっての学び

	会社の伸びる方向に**沿っている**	会社の伸びる方向に**沿っていない**
学べている	① ◎	② 学びそのものが目的化しているもの
学べていない	③ ×	④ ×

には必要でしょう。

しかし、長期化する仕事人生を全うするために仕事のスキルを身につけるという意味においては、ビジネスパーソンにとって狙うべき学びは①になります。会社が伸びていく方向に、自らの学びを同期させ得ることに他なりません。

会社が伸ばそうとする分野における仕事の経験は、極めて「貴重」です。そのような分野の「仕事の経験」が次の「経験」を呼び込むことが多いからです。

大人の学びにとって、経験はいわば「資本」のように機能します。現代社会は、みんなが、学びを得られるいい経験を競い合う「経験獲得競争社会」ともい

えます。

会社が伸ばそうとする新しい分野に挑むということは、様々な試行錯誤が生まれますし、他人とは異なる「違い」が生まれます。あなたならではの、あなたにしかない、しかも会社に役立つスキルは、かくして培われるのです。

しかし一方、会社のなかで「タフアサインメント」の数は限られています。会社は新規事業など、新しい仕事ばかりを追いかけてはいられないからです。職場のなかには、お決まりのルーティン業務や泥くさい仕事もたくさんあるでしょう。

したがって、「タフアサインメント」に任命されるのは、既存の仕事で成果を出した人であることが多いものです。日本の組織は「仕事の成果は（面白い）仕事で報いる」ことが常道だからです。つまり、**いい仕事をしないと、いい仕事はこない。**

もし現在、タフアサインメントに恵まれない、機会をうかがっている人は、日常業務を効率化し、そこで成果を上げることをおすすめします。

ちなみに、タフアサインメントにチャレンジするかどうかには、ジェンダー差（男女の差）があるといわれています。一般に女性のほうが、目立ちすぎると社会的にバッシングを受けることを恐れて、「自分の能力を過小に見積もる傾向がある」といわれています。これを「インポスター・シンドローム」といいます。

インポスター・シンドロームにさいなまれている女性は、タフアサインメントに自ら向かうことを避ける傾向にあります。こんな状態の人は、タフさのレベルを落として、スモールステップならぬベビーステップで「タフさ」の階段を小刻みにのぼっていくことをおすすめします。

「自己肯定感」や「自己効力感」、そして「自信」といったモティベーションは、べ

ベビーステップから挑戦してもいい

ビーステップの小刻みな挑戦を通じて、少しずつ獲得していけるものなのです。

これからの社会では、女性も「長期的な仕事人生を自ら全うする時代」に入ると思われます。

実際、僕がトーマツイノベーション株式会社と行った共同研究の知見によると、長期にわたり仕事をしたいと答える女性は男性（67％ N＝3136）よりも多く、75％にものぼっています。[*10]

「できるだけ長く仕事を続けたい」と思う
（女性ビジネスパーソンN＝1550）

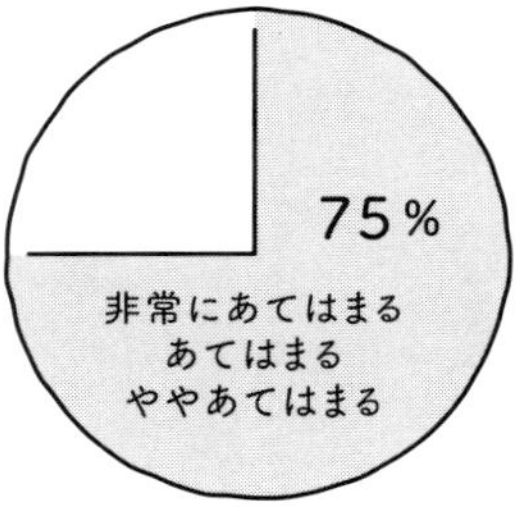

一般に、多くの組織は多かれ少なかれ、ピラミッド型になっています。そうだとすれば、長期にわたり仕事をするということは、毎日同じ仕事をこなして同じ職位や階層に居続けるというよりは、少しずつであっても大きな仕事にチャレンジするとか、あるいは、人を動かす仕事にチャレンジするなどして、仕事のうえでの成長を遂げる必要があります。次々と新たなメンバーがボトムから新規参入してくるからです。

これからの時代は、女性もタフアサインメントに少しずつ取り組んでいくことが大事になってくるのではないかと思います。

ちょっと前のことになりますが、かつて、東京糸井重里事務所（現・株式会社ほぼ日）を取材させていただいたときのことです。あるスタッフの人が「糸井さんがよくおっしゃる言葉」として、「2番を歌うな」という言葉を紹介してくださいました。

これは、昨日歌った1番のメロディをそのままに、今日も「続きの2番」を歌ってしまおうとする態度のことです。糸井さんがおっしゃりたいことは、**仕事をするときは、オペレーションをこなすことを毎日繰り返すな**、ということなのでしょう。

自戒をこめて申し上げますが、忙しいわたしたちは、つい仕事のなかで「2番を歌おう」としてしまいます。「2番を歌いたくなる」衝動をおさえつつ、「タフアサインメント」に果敢に取り組んでいくことが、今を生きるすべての人にとって何より重要なことかと思います。

＊10 トーマツ イノベーション×中原淳 女性活躍推進研究プロジェクト（2017）「女性の働くを科学する」(https://www.ti.tohmatsu.co.jp/npro/2017/report/detail/article04.html)

行動②
本を1トン読む

▼本を読むとは「自分のなかに地図をもつこと」

小難しいことを述べずとも、大人の学びにとって、最も重要な要素のひとつが「本を読むこと」であることは、言うまでもありません。どんな分野でもけっこうなのですが、本を読み、知識をアップデートしておくことは、不確実性の高い時代にあって最も重要です。

行動②のタイトルになっている「本を1トン読む」は、実は、ヤフー株式会社の宮坂学社長の言葉です。

宮坂社長は多読家で、2012年からはじまったヤフー株式会社の変革を率いた大変優秀な経営者ですが、かつて僕も参加した研修で「本を1トン読め」と若いメンバーに檄を飛ばしていらっしゃいました。

「本を1トン読め」は、「メタファ」であることは言うまでもありません。しかし、その言葉には「本をたくさん読め」という言葉では表しきれない重みがあるような気がします。宮坂さんがおっしゃるように、自らの蔵書が1トンになるくらい多読を心がけたいものです。実際、本書の後半部の「学びの履歴書」で紹介される多くの方々が、本を多数読み、自らのキャリアを切り開いています。

それでは「本を読む」ことは、なぜよいのでしょうか。

その問いに関して、僕は2つのメリットがあるとお答えできるかと思います。

まず1点めは、**本を読むとは「自分のなかに地図をもつこと」**だからです。

たとえば、みなさんが見知らぬ土地を旅をするとき、「向こう三軒両隣の区域しか書かれていない狭い範囲の地図」しかもっていない場合と、「10キロ四方に何があるかがわかる大きな地図」をもっている場合では、どちらが道に迷ったりすることなく、安全に旅を続けることができるでしょうか。

いうまでもなく、広域を表示する地図をもっているほうが、有利だと思います。なぜなら、自分の立っている場所を把握することができるからです。

本を読み、知識をアップデートすることは、「自分のなかの地図を広げること」に似ています。自分がどこに立っているのか、そして、これからどこに向かうかを自ら知ることができます。

▼本を読むことは「他者の経験や思考を代理学習すること」

本を読むことのメリットの2点めは、**「他者の経験や思考を代理学習すること」ができる**ということです。

原理原則①「背伸びの原理」や行動①「タフアサインメントから学ぶ」のように、人間にとって最もパワフルな学びは、「本人の直接経験」による学びであることはいうまでもないことです。

自分で選んだ領域に関して、自分の手足を使って学び得た教訓ほどパワフルなものはありません。しかし、この直接経験には唯一の欠点があります。**直接経験による学びは、「パワフル」なのですが、時間とお金という「コスト」がかかるということです。**

わたしたちは、すべての物事について自ら環境に働きかけ、自ら経験し、自らつかみとることを求めるのだとしたら、わたしたちの人生はいくらあっても足りません。

わたしたちは、どこかで、**他者の経験や思考を、自らの経験の「代理」として用いることで効率よく学ぶことができるのです。**

▼18年で1トン分の読書量の差がつく

本を読むとは、著者が行った経験や思考の「代理学習」とも解釈できます。

しかし、近年、わたしたちの多くは読書から次第に離れています。

文化庁が平成25年度に行った調査「国語に関する世論調査」によると、1カ月に1冊も本を読まない人は47・5％。ほぼ半数の人は書籍を読まず、その時間を逸しています。その反面、読む人は読みます。読者のみなさんのなかには、通勤時間を読書にあてている人も少なくないはずです。

首都圏のサラリーマンの平均通勤時間は往復116分（2014年不動産サービスアットホーム調べ）。単純計算でも、年間では2万5520分になります。これは、時間に換算すれば425時間です。

この時間を読書にあてている人と、スマホでのゲームにあてている人では、「自分のなかの地図の広がり」や「他者の経験の代理学習」に明確な差が生じることはいうまでもないことです。

1冊に3時間かかって、単行本の平均的な重さを400グラムと換算すると、1年では141冊、56・4キロ分の本が読めます。おおよそ18年で1トンですね。

通勤電車の中での日々の読書習慣があるかないかで、毎日、少しずつ差がついていくのです。22歳から読み始めて40歳になる頃、ミドルになる頃には、1トン分の差が出てくるということになります。

▼僕の本の読み方は「1分野多読」

ここで多くの人々を悩ませるのは、何を読まなければならないのかわからない、ことです。しかし、この問いは「愚問」です。自分にとって何がしっくりくるかは、読んでみたあとでなければわからないからです。

ということは、まずはどんなものであっても、少しでも自分が関心を持てそうな本であれば手にとってみる。**大切なのはそのあとで、しっくりときた本と、こなかった**

18年間で本1トン分の読書量の差がつく

本を読むこと

①地図をもつこと＝自分の居場所がわかる
②他者の経験や思考を代理学習する

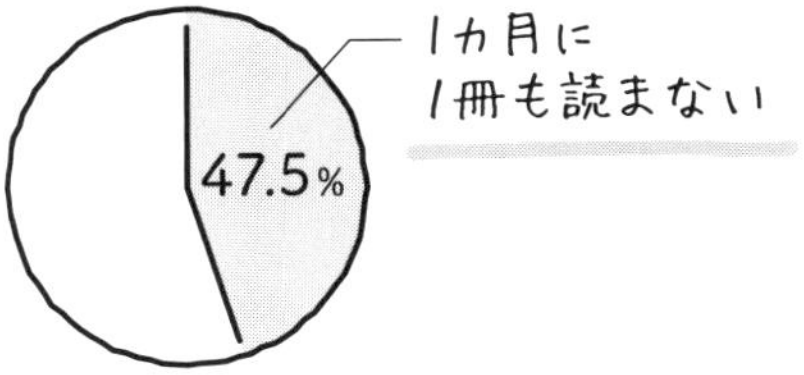

サラリーマンの平均通勤時間…**116分**（年間2万5520分）

通勤時間を読書にあてると…**425時間分**の読書

1冊読むのに3時間　単行本1冊平均400グラムなら、

1年で56.4kg　18年で1トン！

＊文化庁　平成25年度調査「国語に関する世論調査）
2014年不動産情報サイトアットホーム調べ

本を整理し、しっくりきた本をさらに読み進めてみることをおすすめします。効果的で継続的な読書を行うためにも、読書の振り返りが重要なのです。

くどいようですが、**人は「違和感」によってしか、本当に自分に向いているもの、正しいものを見つけることができません。**そして違和感を感じるためには、「やってみること（行動）」が重要です。

ちなみに僕は、最低でも月に1度は必ず「大きな本屋さん」へ行くようにしています。そして、すべてのフロアをフラフラと回遊します。

たとえば7階建ての書店なら、最上階から順番に、散歩しながら下りて行く。そこでピン！　ときた本をまずは立ち読みして、さらに興味があるようなら買います。

もちろん、書籍代は安くはないし、自腹を切るわけですから、痛みがともないます。しかし**大人の学びの基本は「自腹」なのです。そうした学びこそが、将来のキャリアを切り開くものだと思います。**

僕の場合は、本の読み方は「1分野多読」です。かつて、評論家の立花隆さんが「ひとつの領域のことは、その関連書籍を10冊読めばわかる」とおっしゃっていました。けっこう大変ですが、そのとおりだと思います。

僕は最近、WEBマーケティングを学びたくて10冊程度読みましたが、そうするとおおよそ、どの本にも書いてあること＝普遍的な事実が見えてくるようになる。併せて、その本にしか語られていない特別な考え方もわかります。

かくして、今日も、明日も、あさっても「自分のなかにある地図」を広げるべく努力している日々です。

ちなみに、近年注目を集める教養とは、もともと「リベラルアーツ（Liberal arts）」といわれるもの。「囚われ」や「偏見」に満ちた自分自身を「リベレート（解放）」することが教養の本質的な意味に他なりません。

他者の経験に学び、さらに自分の地図を広げること、そのことが教養を深めるのです。

行動③
人から教えられて学ぶ

▼「公式の教育機関で先生から学ぶ」ことだけが学びではない

行動③「人から教えられて学ぶ」とは、文字どおり「自分よりも有能な人、経験を積んだ人からの学び」です。

他者の経験を「代理学習」することは、行動②「本を1トン読む」でも大切なことだと述べましたが、わたしたちは本を用いずとも、「人から直接に代理学習を行うこと」ができます。

ただし、ここで「教えられる」という言葉には、注意が必要です。

子どもの学びの場合や学校教育を想定してしまうと、一般に「教えられる」とは、

①先生から学校などの公式な教育機関で、
②知識を伝達されること

と考えてしまいがちですが、大人の学びの場合には、必ずしもそうではありません。

つまり、大人の学びは①先生だけでなく様々な人々から、必ずしも公式の教育機関ではない場所で、②知識を伝達されることだけでなく、知識を活用したり、外化することで学ぶということもあり得るのです。これを少し細かく考えてみましょう。

大人にとっての「教えられる」という意味を考える上で大切なことに、２つのポイントがあります。

まず、第一のポイントは「教える主体と教えられる場所」についての問題です。一般に「教える」という言葉からイメージされるのは、子どもの学びの場合は、ほぼ「先生」であり、「教育機関」を意味しました。教えるという言葉からは、教室があって黒板とチョークを使って先生が授業をしている様子がイメージされると思います。

しかし、**大人の学びの場合には、必ずしも「公式の教育機関で先生から学ぶ」ということだけに限られるわけではありません。社会には、様々な学びの場があり、必ずしも教員の資格をもっていない人からでも、わたしたちは学ぶことができるのです。**

その様子は、左ページの図のように表すことができます。

横軸には「教育機関の公式さ」を「インフォーマル」「セミフォーマル」「フォーマル」と3段階に設定しました。

一番左は「インフォーマルな学び」、そして中間は「セミフォーマルな学び」、そして一番右は「フォーマルな学び」ということになります。

わたしたちは、一番左において「インフォーマルに学ぶこと」もできれば、中間の「セミフォーマルな学び」を選ぶこともできますし、さらには、「フォーマルな学び」を志すこともできるのです。

以下、それぞれについて説明してみましょう。

①インフォーマルな学び→人づてに情報を入手し、そこから学ぶ

インフォーマルな学びの典型は、「人脈のなかから得られる情報から学ぶ」ということです。人は書籍だけでなく、人づてに情報を入手し、そこから学ぶことができます。場合によっては、最先端の情報をそこから得ることもできます。

書籍を編むとは、それなりに時間がかかることです。最先端の業界の情報などは、

社会には様々な学びの場がある

オフィシャル性が最も高い

	インフォーマルな学び	セミフォーマルな学び	フォーマルな学び
誰に学ぶか	一般の人	スキルのある人	教える資格のある人
どこで学ぶか	どこでも	教室	教育機関
具体例	人脈による学び	民間教育施設での学び	大学院など

書籍が出る頃には、時代遅れになっているということもあります。インフォーマルに人づてに学ぶことができれば、本を読まずとも、その領域で最先端の情報を学ぶことができるのです。

しかし、このインフォーマルな学びは、弱点もあります。この弱点は、インフォーマルな学びのフレキシブルさの裏返しでもあるので、やむをえないことでもあります。

その**最大の弱点とは「学びが〝人の縁〟と〝タイミング〟に左右される」**ということです。

まず、人の縁に関してですが、インフォーマルな学びが成立するためには、**「自分が学びたい領域のことに詳しい人」**

とのコネクションを常にメンテナンスしている必要があります。

あなたは、何か（X）について詳しい人を知っている（Know who knows X）必要があるのであり、彼らとの縁を常に維持しておかなければならないということです。

ビジネスにおいて、最新のことをよく知っている人とつきあってもらうためには、あなた自身もその人に対して「貢献価値」をもたなくてはなりません。

つまり、自分も相手に有益な情報を伝えるなど、とくに役に立たなくてはならないだけに、この学びは案外、難易度が高いといえます。

よく異業種交流会などで、名刺だけ配って、その後にまったく連絡も交流もないという事例が生じます。貢献価値のない不特定多数の交流は、たいていこうした残念なパターンに陥るのではないでしょうか。

また、**「人の縁」に加え、「タイミング」というものもあります**。インフォーマルな学びは、得たいと思ったときに、必ず情報が得られるといった類のものではありません。**学びになるかならないかは、偶然とタイミングに多くを依存します。**

インフォーマルな学びは、フレキシブルで、パワフルです。しかし、「いつでも必ず最先端の情報が手に入る」というわけではありませんし、常に人脈を維持していくコストを支払わなくてはなりません。

そういった意味では、自分の学びの「基盤」くらいにとらえておき、ここにすべてを依存しないほうがいいように思えます。

②セミフォーマルな学び→集って学べるオフィシャル性のない教育施設

セミフォーマルな学びとは、昨今、増えている「学びの場」です。大学・大学院ほどのオフィシャル性はないけれども（学校教育法で定められている教育機関ではないけれども）、大人が集い、学ぶことのできる教育施設のことをいいます。

たとえば民間の教育会社が経営している短期型のビジネススクールや、著名な講師が実施しているサロンやセミナー、最近だとニュース会社、出版社、新聞社などが実施しているスクール事業などもこれにあたります。オンラインもその範疇に入れるのであれば、大学などが実施しているMOOC（大規模公開オンライン講座）なども、これに含めることができるでしょう。

セミフォーマルな学びの機会は、インフォーマルな学びの機会ほど、「偶然」に左右されるわけではありません。所定の場所に行けば、それなりに学ぶことができますし、学びの機会は用意されています。

この学びの特徴は、インフォーマルな学びほどは人の縁やタイミングといったものに左右されませんが、質が担保されているようでいて、中には質が保証されていないものもあり、玉石混交だということです。学校教育法などの法律に縛られている学びの場が（フォーマルな学びの場）、必ずしも質の高いものではないことは周知の事実ですが、しかし、法律や制度に守られているだけに、最低限の基準は満たしています。

しかし、それらに縛られないセミフォーマルな場は、一見フォーマルなようで、質にかなりの開きがあります。場合によっては、どこか怪しい教え手も存在します。

セミフォーマルな学びを考えるときに最も大切なことは、「どこで学ぶか」、そして「誰から学ぶか」ということです。これらを見極めるために最も簡単な方法は、セミフォーマルな学びの広告を見ることではありません。広告は人集めをするために存在するのですからよいことしか書いていません。

最も簡単に教育の質を見極める方法は、「信頼のおける卒業生に聞くこと」です。卒業生のレピュテーション（評判）は、最もわかりやすい質の評価になります。

あるいは**「講師の略歴をきっちりチェックすること」も重要でしょう。**どのような機関で学位取得を行っているのか、またどのような経験をもった人なのかを、しっかりチェックしていくことが大切なのではないかと思います。

③フォーマルな学び→最もオフィシャル性が高く敷居が高い大学院

フォーマルな大人の学びの場として、最もオフィシャル性が高く、また敷居が高いのは大学院ではないかと思います。

ビジネスの領域ですと、ＭＢＡ（Master of Business Administration）は、一時期、ある種のステータスシンボルとして重用された時代がありました。

しかし、この大学院、進学するときには、インフォーマルな学び、セミフォーマルな学び以上に注意をしなくてはならないことがあります。

最も大切な注意点は、「大学院の種類を間違えないこと」と「指導教員を選ぶこと」

です。

前者に関して私の解釈では、大学院は大きく分けて2つの種類があります。「知識系」と「探求系」です。

「知識系」とは、その分野の知識を体系的に教えてくれる大学院のこと。「探求系」とは、学生一人ひとりが何らかの探求課題をもち、それぞれ研究を行う大学院です。

探求系の大学院では、学生が各自の研究課題を探求する「中」で、知識を自ら学びます。伝統的な大学院は、この「探求系」が多いものです。

問題は、自分が望む学びと選んだ大学院の学びの種類が合致していないときに起こります。大学院で体系的に知識を吸収したいと思っていたのに、間違ってこの「探求系」に行ってしまうと、研究をさせられることになります。

はたまた、「自分の経験の棚卸しをしつつ、それを研究にまとめたい」と思っていた人が、誤って「知識系」の大学院に入ってしまうと、そこには授業があるだけになってしまいます。要するに、この両者の見極めが必要なのです。

この見極めが難しいのは、大学院の名前やレベルでは、それらが見分けられないことです。たとえば、「ＭＢＡ」は「知識系」だと思われがちですが、そうしたＭＢＡも存在する一方で、なかには「研究肌の探求系ＭＢＡ」もあります。

最も間違いがないのは、セミフォーマルな学びの場同様、その大学院に行った人に、そこではどんなことが学べるのかを聞くことです。

つまりは、就活と同じで、ＯＢ、ＯＧ訪問をするのが、自分に合う大学院を選ぶ、王道だと思われます。

また、いったん大学院に入学したあと、多くの大学院では指導教員の決定、所属する研究室の決定があるかと思います。指導教員や所属する研究室の決定も、また慎重を期する必要があります。**大人の学びは、「何を学ぶか」も重要なのですが、「誰から学ぶか」も極めて重要なのです。**

といいますのは、最近は減ってきましたが、大学教員のなかには「研究と教育」のうち、「研究」には興味があるけれど「教育」にはまったく興味をもっていない教員がいるからです。

また一流の大学教員の場合、そもそも研究室の指導に手がまわっていない場合も少なくありません。そうした教員を指導教員にしてしまうと、かなりの確率で困難を感じることになります。

繰り返しますが、大人の学びの場合、先生があてがわれるわけではありません。自分で先生を見つけるのです。よって「誰から学ぶか」は最も重要な観点です。

最も間違いがない方法は、その研究室からどのような卒業生が輩出されているか、どのような論文を執筆して卒業生が卒業しているかなどを質問してみることです。

これまでに何人くらいの大学院生の指導を手がけてきているか、具体的に人数を聞いてみてもよいかもしれません。また卒業生などを探してヒアリングすることができればなおよいと思います。

以上、「教える主体と教えられる場所」についての問題について、

①インフォーマル
②セミフォーマル
③フォーマル

という3つの場に便宜的に分けて説明をしてきました。

大学院を選ぶ2つのポイント

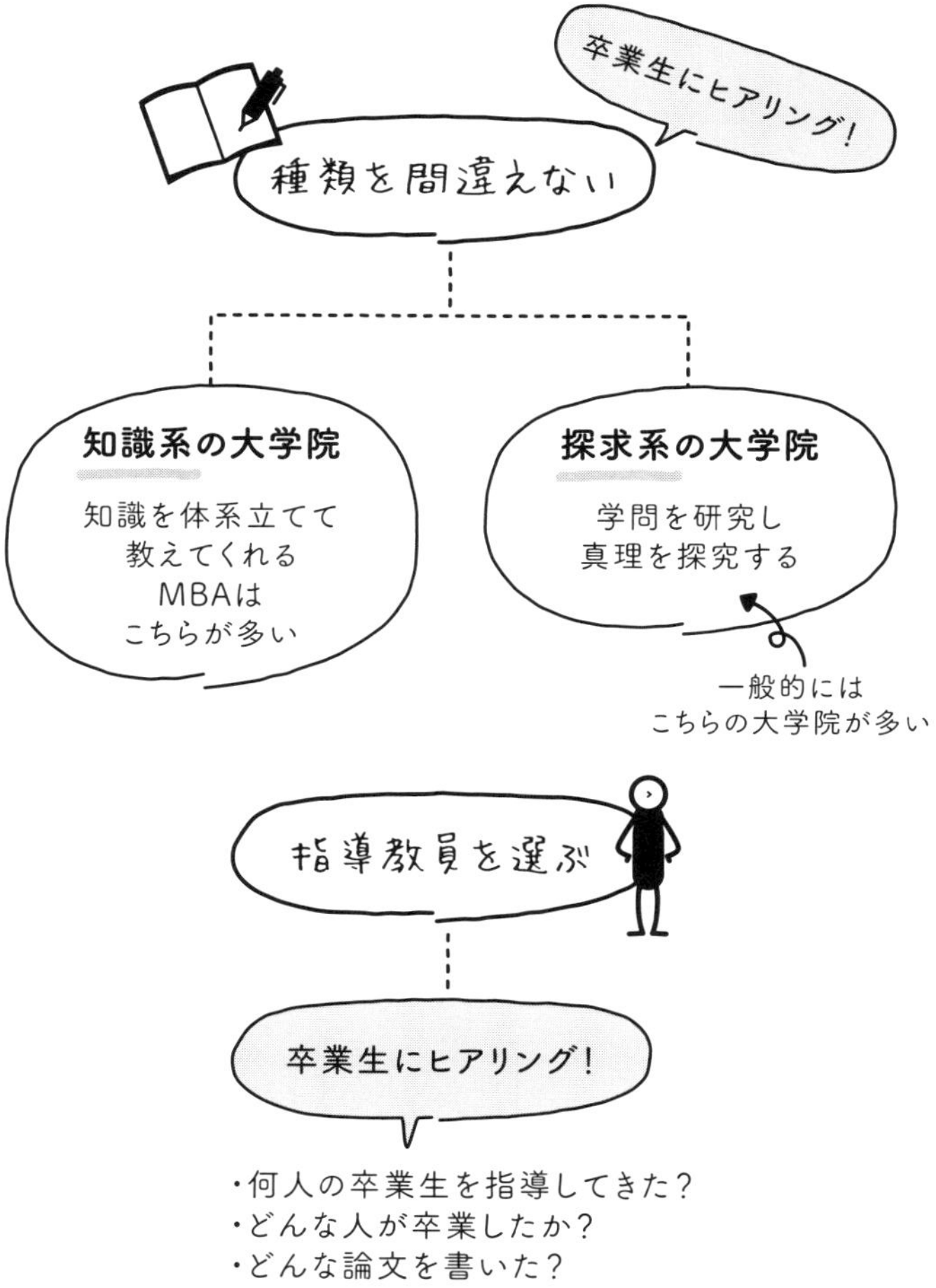

最後に、「教えられて学ぶこと」について、学びの観点から、大人の学びの特質を述べておきたいと思います。

▼「聞く→考える→対話する→気づく・変わる」サイクルを意識する

大人の学びにとって、最も大切なことは、「内化」だけが学ぶことではないということです。「外化」もまた学びであることを意識なさるとよいと思います。

内化とは、一般に、外にある知識が頭のなかに蓄えられることです。具体的には「知識の詰め込み」のようなものをイメージされるとよいのかなと思います。ワンセンテンスで述べるならば「インプット」です。

一方、「外化」とは、自分のなかにある「知識」を外に「出すこと」。すなわち「表現すること」です。

たとえば、何か課題解決をした結果をみんなの前で発表したり、プレゼンテーションをするといった活動、あるいは、みんなでグループワークを行って、自分の意見を表明し、ディスカッションするといった活動を思い描いてみてください。

こちらのほうは、ワンセンテンスで述べるとすると「アウトプット」ということに

インプット・アウトプットの両方が大切

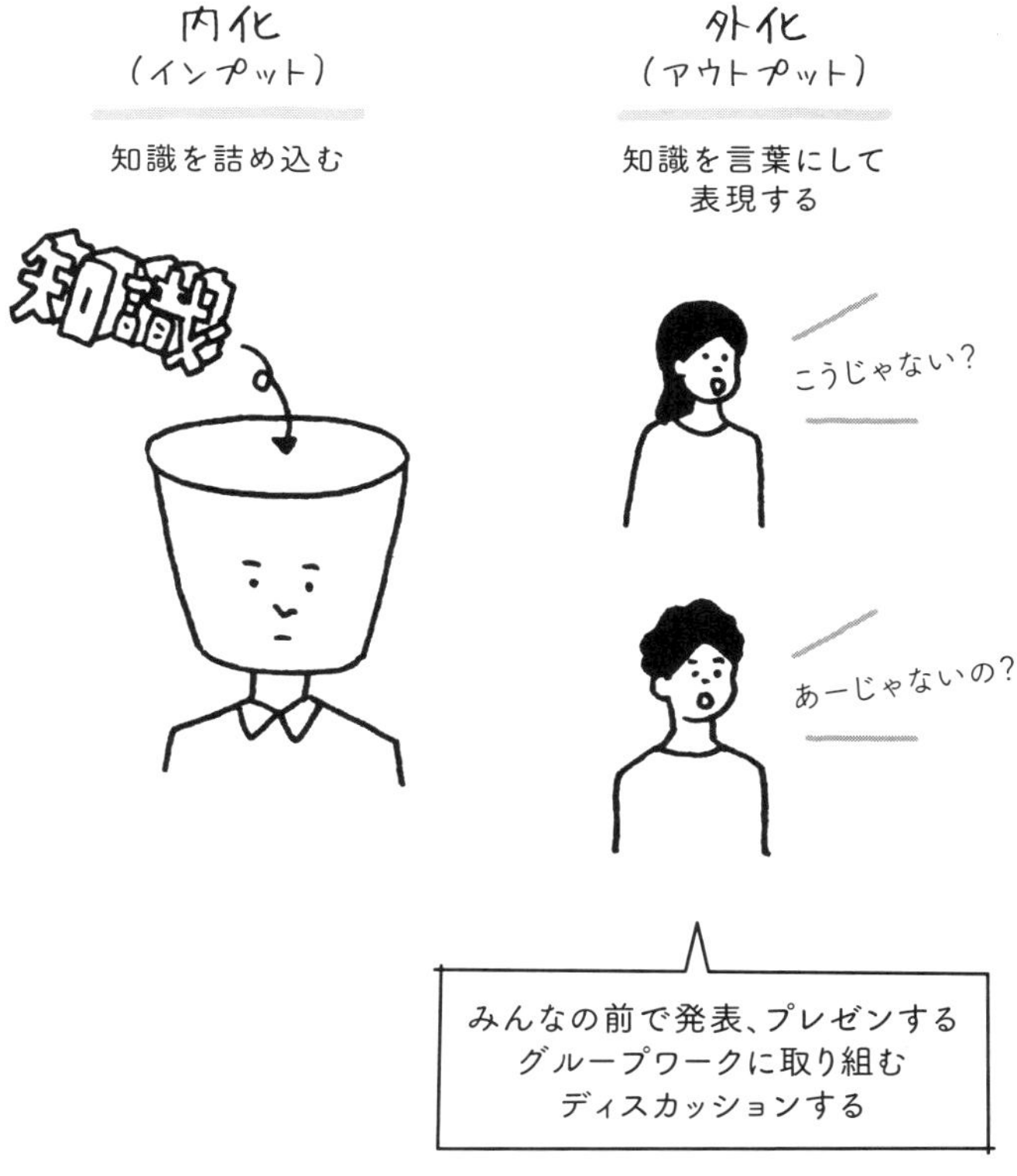

なります。

大人の学びにとって大切なのは、「内化（インプット）」のみならず、「外化（アウトプット）」のタイミングをしっかりとっていくということ。

そして願わくばインプットとアウトプットの間に「スループット（Throughput：自分の頭のなかで脳がちぎれるほど考える時間）」をもちたいものです。

大人の学びは、

聞く（インプット）

聞く（インプット）

聞く（インプット）

帰る

であってはなりません。

聞くことの重要性は認識しつつも、大人の学びは、

聞く（インプット）

考える（スループット）
対話する（アウトプット）
気づく・変わる

でなくてはならないのです。

そして「聞く↓聞く↓聞く↓帰る」ではなく、「聞く↓考える↓対話する↓気づく・変わる」を実現することこそが「教えること」に他なりません。

教えることとは、知識を詰め込むことではないのです。

「教えることによって学ぶ」に興味をおもちの人は、ぜひ「聞く↓考える↓対話する↓気づく・変わる」を体現する学びの場、教育機関を探してみてください。

大人の学びは、聞いて帰る、ではダメ

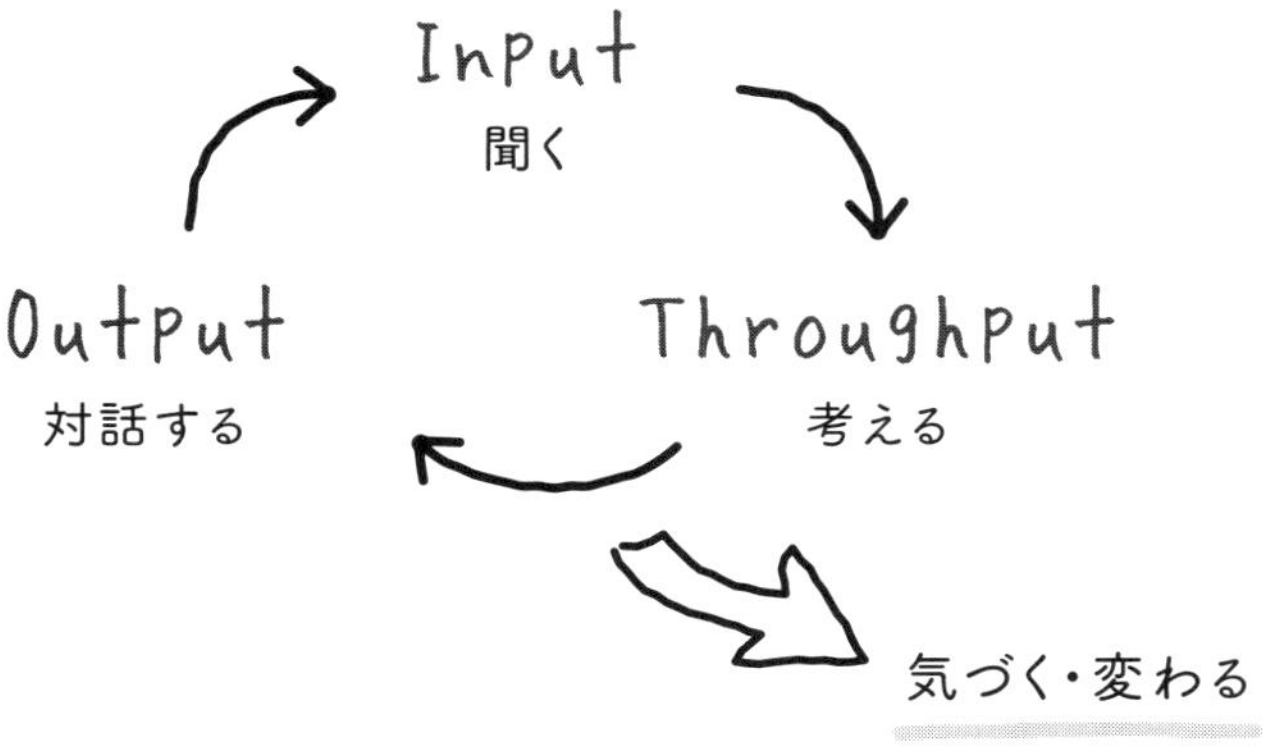

行動④
越境する

▼慣れ親しんだ場所を離れて、違和感を感じる場所に行く

「越境する」とは、端的にいえば「自分の慣れ親しんだ場所を離れて、違和感を感じる場所に行き、気づきを得る」ということです。

「自分の会社や組織、ふだん、過ごしている半径3メートル以内の職場」など、日常慣れ親しんだ場（村）を離れ、異なる場所へ出かけてみる。このように**「日常」と「非日常」の「境界を越えること」を「越境」といいます。**「越境」を行えば、ふだんどおりのことがうまくいかなったり、あなたがふだん使っている言葉や考え方が、他人に通じなくなったりします。

つまり、あなたの日常は「うまく機能」しなくなります。そこに「違和感」を感じる部分が出てくるのです。そして、**この「違和感」を通じた振り返りこそが、「学びや変化の源泉」です。**

ふだん慣れ親しんでいる場の特殊性や偏っている部分を知るキッカケになったり、自分の方向性を見定めるよい機会になっ

たりします。

このことを「越境学習」と呼んだりします。

しかし、日本人は「越境」をあまり行う時間がありません。ふだん、自分の慣れ親しんだ場にしか居合わせることがないようです。

社会的孤立の状況（OECD諸国の比較）

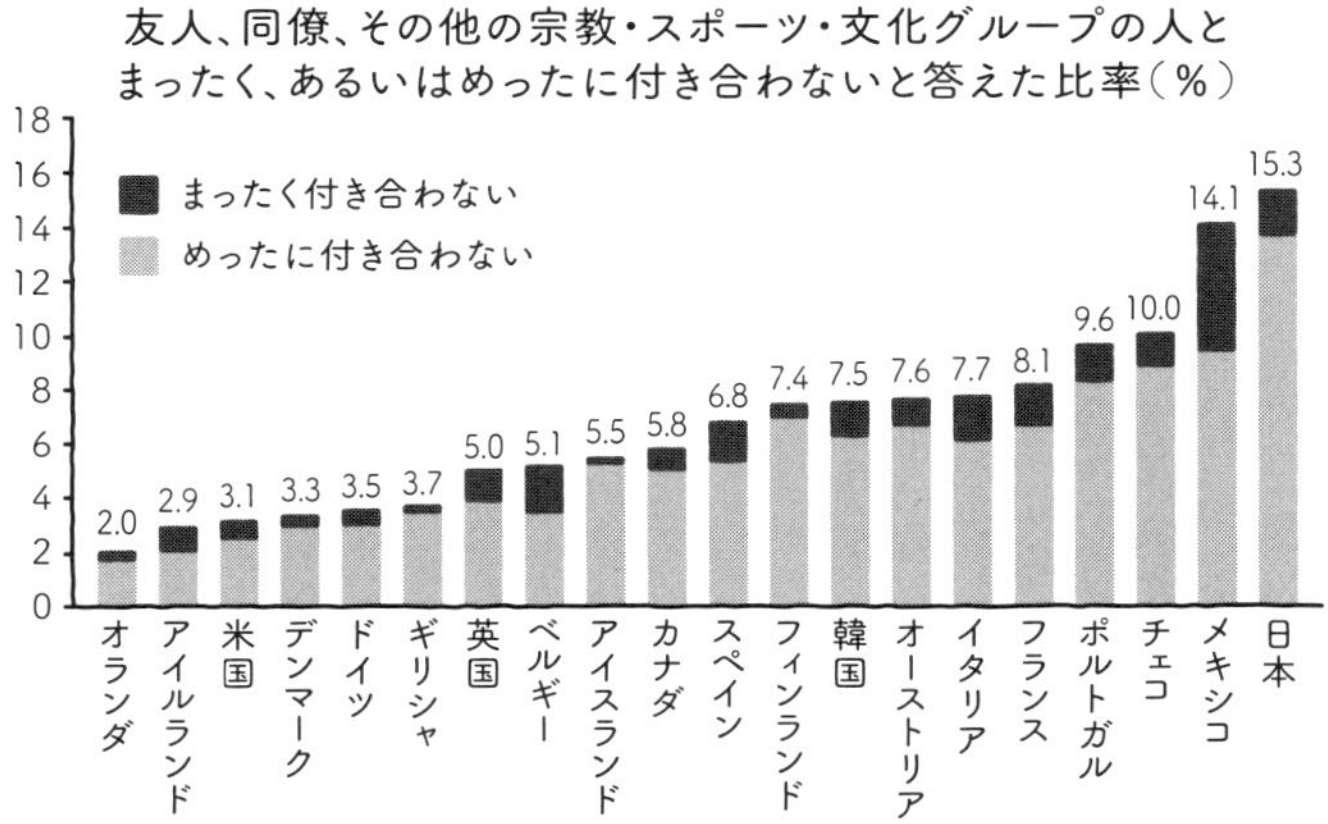

注：原資料は世界価値観調査1999－2002。英国はグレートブリテンのみ。
資料：Society at a Glance：OECD Social Indicators-2005 Edition

古い調査になりますが、OECD（経済協力開発機構）の「世界価値観調査（2005）」という調査があります。人がどの程度、社会に接点をもっているか、いないかを調査したものです。

その結果によると、**日本人は家庭**

と会社の往復しかしていなくて、会社や家族以外の人たちとのつながりが希薄なのだそうです。このことを「社会的疎外（Social Isolation）」と呼びます。

日本人は世界で最も社会的に孤立している人種のひとつです。つまり、自分の慣れ親しんだ場ばかりにいて、越境を行うことがなく、家庭と職場以外の社会から隔絶されているのですね。

その背景にあるのは、**日本独自の労働慣行である「長時間労働」がひとつの要因です。**

昨今は、国を挙げて「働き方改革」の大号令がかかり、労働時間を短縮する方向に向かってはいますが、厚生労働省が行っている「毎月勤労統計調査」のある月の結果によると、1カ月の平均残業時間は47時間になっています。これは世界的に見て、非常に高い水準です。

1日、2~3時間の残業を終え、8時頃に満員電車に乗り込む。首都圏の平均的な片道通勤時間は1時間弱という結果がありますので、自宅につくのはだいたい9~10時の間でしょう。これが毎日続くのですから、「越境なんて、とても、とても学び直す気すら起きないよ」という感じになってしまうのはやむをえないこと、といえるかもしれません。

しかし、越境することを通して、時に違和感を感じ、自分のやるべきこと、やりたいことを見定めること、そして外の世界を知ることは、今後、より大切になってきます。

わたしたちの生きる社会は、仕事人生が長期化する、いわゆる「長期間労働の世界」に、わたしたちはこれから入っていきます。そのような時代にあっては、自分の慣れ親しんだ家庭と職場の往復生活では、いささか心許ないのです。

最大の理由は、**自分の慣れ親しんだ場所しか知らず、他をまったく見ない状況というのは、自ら学び直す必要性を感じたり、振り返りの機会が大きく疎外される傾向があります**。すなわち「仕事を通じた自分の成長」が脅かされる可能性が高くなってしまう、という問題が生まれやすいのです。

たとえば、「会社と家庭にしか居場所がなくて、考え方や価値観が狭い人」を、イメージしてみてください。知らず知らずのうちに会社化されたその頭からは、ステレオタイプのアイデアしか出てこなくなっていきます。アイデアの乏しさは、こうしたところから生まれます。

また、職場と家の往復しかする余裕のない人は、自分とは違う考え方に触れて葛藤したり、「なんだか俺、世の中からずれているかも」と気づいて修正する機会が得られていないため、そもそも「自分の異質さ」にも気がつかない状態を生み出します。

たとえば、世を賑わしている問題のひとつに「働かないおじさん問題」というのがあります。ここでいう、**働かないおじさんとは、長い間、同じ組織で働いているため「給与は高いわりに、業績・成果が出ず、市場価値が低いので、組織の外に出ることができない中高年」のことをさします。**現在、彼らの給与の是正（正規化）が人事界隈では議論になっています。

こうした「働かないおじさん」が生まれる原因も、「越境の経験の少なさ」も一因であると僕はみています。外の世界を知らない状況で、組織のなかで粛々と仕事をこなし、長時間労働で自分を見つめ直す時間もなく、長い時間を過ごす。そのなれの果てが「働かないおじさん問題」です。
働かないおじさんは、定年後も困難が待ち受けています。「仕事と家庭の２つの場」しかないということは、定年後の自分の居場所が、家庭にしかないことを意味します。
地域に根ざすわけでもなく、社会に接点があるわけでもない。現在は、健康寿命は男性で71・19歳、女性は74・21歳といわれていますから（内閣府男女共同参画局ホームページより）、仕事人生が終わった後、かなり長い時間を過ごすことになります。「仕事と家庭の２つの場」という人は、このときに、社会的に接点がありません。定年後、何をしてよいか途方にくれる結果にも陥りがちです。

あえて慣れ親しんだ日常から出ることで、発見や気づきを得る。それにともなう感情を味わう。そこから、次のステップを探る。

これが「越境すること」の大切さです。

▼大人の学びはこれまでの自分の常識を壊すもの

こうした「越境」を、企業研修のなかに取り入れた事例も存在します。

ヤフー株式会社の人事責任者の本間浩輔さんから声をかけられ、僕が、いくつかの企業の人事部のみなさんと始めた新しい取り組みが、「異業種のメンバーを集めて本気で地域課題解決に取り組むリーダーシップ研修」です。

日経新聞や、ＮＨＫの「クローズアップ現代＋」、テレビ東京の「ガイアの夜明け」などでも取り上げられたので、ご存じの方もいらっしゃるかもしれません。

この研修では、ヤフー、パーソルグループ、日本郵便、アサヒビール（２０１７年からヤフー、マクロミル、ヤマト運輸、パーソルグループ）の４社から、30代半ばから40代前半の幹部候補約30人を集め、北海道・美瑛町の地域課題を解決するプランを提案するというプロジェクト型研修を実施しました。左ページはそのときの写真です。

この研修では、ふだん仕事で接することのない人々と初めて出会い、課題解決を行います。研修そのものの舞台のなかに「越境性」がデザインされているのです。

「異業種のメンバーを集めて本気で地域課題に取り組むリーダーシップ研修」の様子

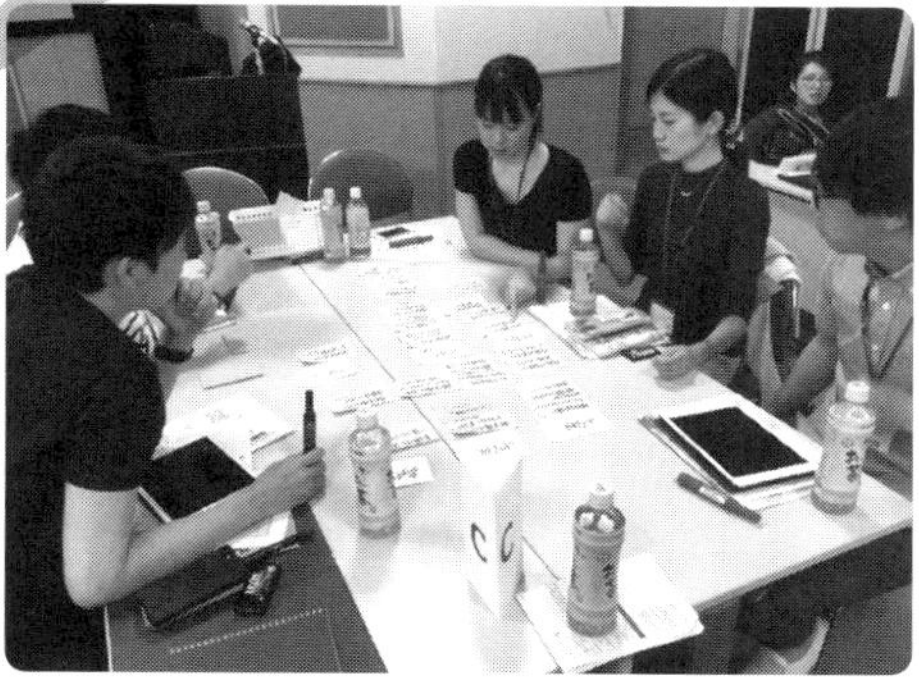

初めて出会った
人たちと
課題解決策を
考える

4社から
幹部候補約30人が
集まった

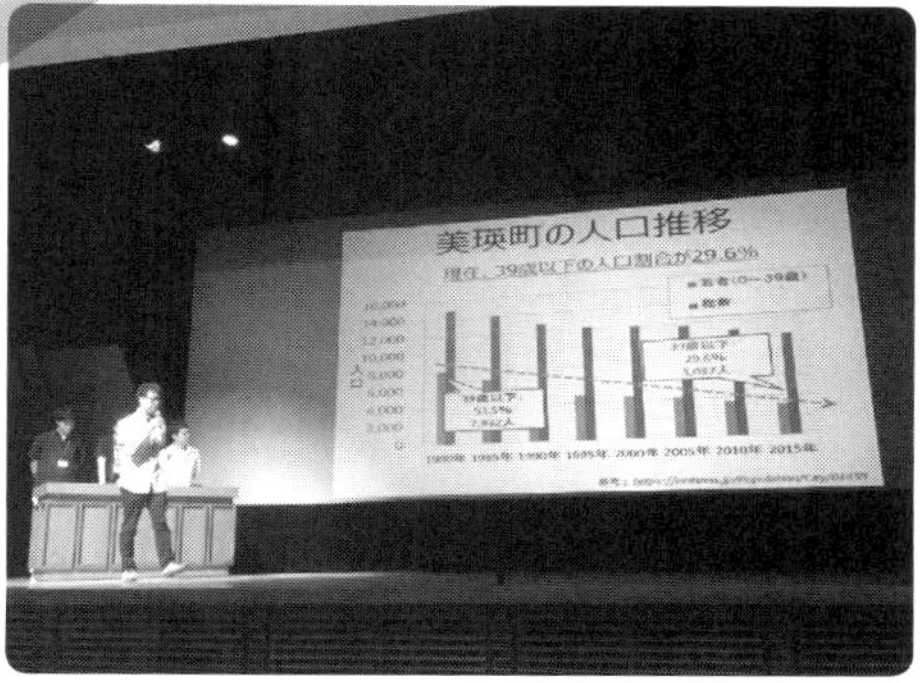

北海道・美瑛町の
地域課題を解決する
プランを提案

研修では参加者は、様々な思いをもちました。たとえば、次のようなものです。

「メンバーのスキルの高さを感じるたびに、自分のなかで思うことが多く、申し訳ないという思いが痛みとして常にありました」

「自分の会社のなかでは強みだと思っていたロジック思考が、他社の人と会話すると『強みなんていえるレベルじゃないな、俺』と痛感しました。自分のまわりの人との比較だけで完全に勘違いしていました」

「中原先生の『大人の学びは痛みをともなう』という言葉が印象に残っています。日々、仕事以外で学びの場をもっていないな、ということを反省しました」

参加者の感想を読むと、**「大人の学び」は「これまでの自分の常識を壊すもの」。だからこそ「痛みをともなう」ということがよくわかります。**

よくビジネスの業界でいわれることのひとつに、「隣の芝生」に行って輝くものこそが「スキル」、「自分の仕事場」でしか使えないのは単なる「タスク」、というものがあります。

外に出ることによって、自分の本当の能力が見える化するのです。

▼「外に出ると通用しない」という事実が学びの可能性を広げる

外に出るのは、たとえばどのようなやり方がありえるでしょうか。

自社では、先ほどのような研修は準備されていないという人もいらっしゃるでしょう。そのような人は、何もあまり大げさに考えなくてもよいのです。**今いる、自分の仕事環境を少しだけずらしてみればいいと思います。**

たとえば、社外の勉強会に出てみてもいいですし、友人でなくとも、同じ会社に勤める違う部署の人と何かをやるのもいいですね。

子どものいる人なら父母会の役員でもいい。勤務先の名刺をとられたときに、どうなるのか、何ができるのか。

僕なんてまさにそういう体験をしていますが、大学の名刺をはずして一人の父親として父母会に参加すると、自分の能力とスキルで、この場にどういう貢献ができるのかをいつも考えさせられます。

先にもお話ししましたが、勤務先を活用するなら、別の部署の人たちと何かをやってみるのもおススメです。たとえ同じ会社でも、事業部が違えば仕事のやり方や文化が違うということはけっこうあります。

重要なのは、自分の今ある環境や、そこに流れる文脈を少し変えてみるということです。**「外に出ると通用しない」という事実、外の世界は自分の慣れ親しんだ世界とは少し違うという事実が、今後の学びや変化の可能性を広げてくれます。**

アウェイに出かけて行こう

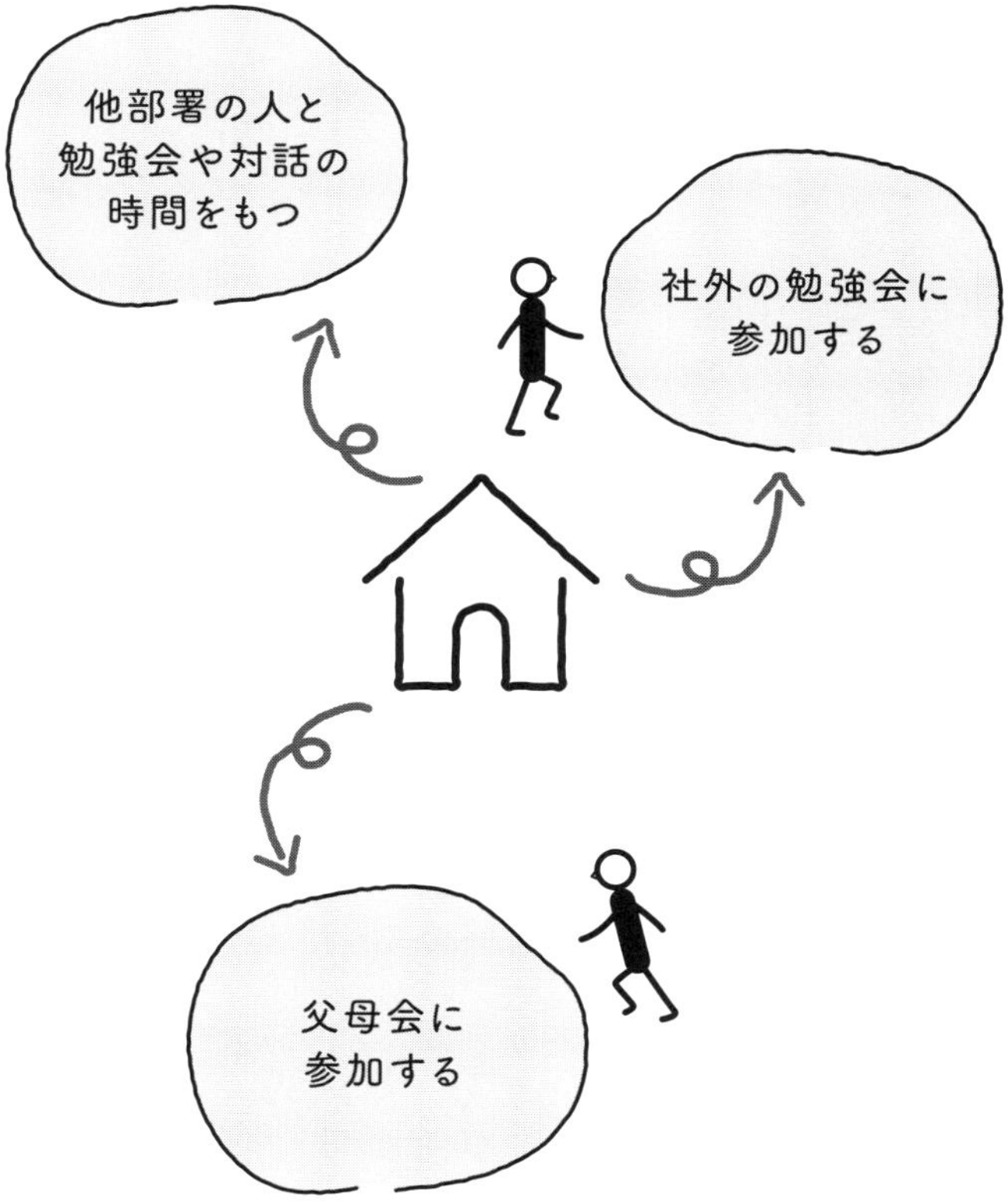

あなたの言葉、話は通じますか？

行動⑤
フィードバックをとりに行く

▼第三者に自分を映し出す鏡になってもらう

行動⑤のフィードバックをとりに行くとは、「自分が仕事のうえで成長するために、第三者に自分を映し出す鏡」になってもらい、自分を立て直す情報をもらうことをいいます。

人は、自分が思っているほど、自分の今やっていることや仕事の状況に関して、正しい情報をもち合わせているわけではありません。

仕事を通じて成長をしていくためには、「自分が、今、どのような状態で仕事をしているか」とか、「第三者から見て、自分が、どのような状況に見えるか」を客観的に指摘してもらい、自分を立て直す必要があるのです。

このように、自分から動いて、第三者のフィードバックを求める行動のことを「フィードバック探索（Feed back-Seeking behavior)」といいます。仕事のうえで成長を遂げるためには、第三者からフィードバックを受けるのではなく、むしろ、自分

ジョハリの窓

自分軸 ／ 他者軸

他者軸＼自分軸	自分はわかっている	自分はわかっていない
他人にわかっている	Ⅰ 開放の窓 「公開された自己」（open self）	Ⅱ 盲点の窓 「自分は気づいていないものの、他人からは見られている自己」（blind self）
他人はわかっていない	Ⅲ 秘密の窓 「隠された自己」（hidden self）	Ⅳ 未知の窓 「誰からもまだ知られていない自己」（unknown self）

からフィードバックを「とりに行って」、自分の状況を正確に把握することが重要です。

フィードバックを考えるうえで役立つモデルに「ジョハリの窓」というモデルがあります。上の図を見てください。

ジョハリの窓とは、縦軸に「他者軸」、横軸に「自分軸」の2×2のモデルです。

縦軸には「他人にわかっている／他人はわかっていない」という2つの場合をとります。

横軸には「自分はわかっている／自分はわかっていない」という2つの場合を

とります。そうすると、２×２ですので、４つの領域（窓）が生まれます。「他人にもわかっていて、自分もわかっている領域」のことを「**開放の窓**」といいます。「他人にはわかっているのだけれども、自分はわかっていない窓」のことを「**盲点の窓**」といいます。

また、「他人はわかっていないけど、自分はわかっている領域」のことは「**秘密の窓**」。最後に「他人も自分もわかっていない領域」、神のみぞ知る領域のことを「**未知の窓**」といいます。

このうち自分が秘密にしておきたい「秘密の窓」と、神のみぞ知る領域の「未知の窓」はさして問題ではありません。また、「他人にもわかっていて、自分もわかっている領域」も、そのまま継続しておけばいいので、問題ではありません。

問題は、「他人にはわかっているのだけれども、自分はわかっていない窓」＝「盲点の窓」です。

第三者にフィードバックを求めるときには、この「盲点の窓」を他人から指摘してもらえるようにしていくとよいと思います。

▼行動レベルでよかったこと、悪かったことをフィードバックしてもらう

フィードバックを求めるときには、できるだけ具体的に、相手から情報を聞き出します。ネガティブなことも、ポジティブなことも含めて、様々な情報を聞き出すとよいでしょう。

ネガティブなことばかり指摘されても、気持ちがへこんでしまいます。何かよくないことを聞いたときには、よかったことも同時に聞けるとよいと思います。

もし一人の人から、ネガティブフィードバックも、ポジティブフィードバックも両方聞くことが難しいなら、前章で紹介したように「ネガティブフィードバック」を「緊張屋さん」に、ポジティブフィードバックを「安心屋さん」に頼むといいのではないでしょうか。

いずれにしても、大切なことは、なるべく具体的に、できれば行動レベルで、よかったこと、悪かったことを把握することです。

俗に**「成長に資するような具体的なフィードバック情報」を「SBI情報」といったりします。SBI情報とは、**

Situation（状況）…どこで、どんなときに……
Behavior（行動）…どんな行動をしたことが……
Impact（成果）…どんなふうによかったのか、悪かったのか……

これら3つがひとそろいになっている情報です。

相手の言語能力にもよりますが、できれば、フィードバックのときには、このレベルでなるべく具体的に問題点やよかったことを指摘してもらえるとよいと思います。

フィードバックを得たら、ここで大切なことは、受けたフィードバックをそのままにしないことです。原理原則②振り返りの原理（66ページ参照）で学んだように、**必ず過去を振り返り、これから何をしていくか、振り返りをしてみてください。**

①What？
（どんなときのどんな行動？）

②So what？

フィードバックで意識したい3つの情報：SBI情報

S	Situation（状況）	— どこで、どんなときに
B	Behavior（行動）	— どんな行動をしたことが
I	Impact（成果）	— どんなふうによかったのか、悪かったのか

（何がよくて何が悪かったのか？）

③ Now what ?

（これからどうするか？）

この3つのプロセスで、振り返ることはとても重要です。

▼通用しなくなったものは捨てる＝アンラーニング

フィードバックされた内容のなかで、かなり厳しくスパイシーな内容を指摘された場合には、これまでの自分のやり方や考え方を捨て去らなくてはならない場合もあるかもしれません。

このことは、「**アンラーニング**（**Unlearning**）＝**学習棄却**」と呼ばれています。

アンラーニングとは「過去には通用したけれど、今はもう通用しないもの」、たとえばスキル、概念、信念、経験などを捨てることです。アンラーニングすることで、物事を見直したり、変化するキッカケになるのです。

一般に「捨てる」というのは、どこか「さみしさ」や「痛み」をともなうことのように思えるかもしれません。

しかし、**適切なタイミングで過去を「捨てる」ことは、事業変化が激しい、あるいは情報爆発時代といわれる現代においては、非常に重要なことです。**

変化が激しいとき、「過去にはこのやり方でうまくいったけれども、今は難しいよね」というものを手に持ったままでいると、環境変化に乗り遅れてしまいます。

通用しないものを大事に持っていても役に立たない。どんどん捨てていくのです。アンラーニングは、現代社会だからこそ注目されている概念だと思います。

▼役職がはずれるときこそ、アンラーニングが必要

しかし、一般にすでに獲得してしまった考え方やスタイルを「捨てる」のは非常に辛いことです。できれば変化せず、今までどおりにやっていきたいと思うのが人間で

通用しなくなったものはどんどん捨てていこう

す。

けれども、それが限界に達してしまった場合には、過去と決別せざるをえないときもあります。

アンラーニングが典型的によく頻出するのは、役割の転換の場合です。

たとえばホワイトカラーのビジネスパーソンなら多くの場合、**昇進などで自分の立場が変わるときにアンラーニングの必要性と直面します。**

実務担当者からマネジャーになったとき、実務担当者の気分を早く抜いて、マネジャーにならなければならないのに、いつまでたってもその気分が抜けない。自ら現場に出て行き、現場の情報を常にとりたくなってしまう。やはり自分がやらねばと仕事を抱え込み、常に先頭に立ってしまう。

そうしたときに上長に呼ばれ、フィードバックを受ける。

「今までのやり方ではダメだ」「そのままでは通用しない」と痛感する瞬間です。

次にビジネスパーソンにとって「アンラーニング」がふさわしい場面は、「役職をはずれるとき」でしょう。

労働寿命が長くなった昨今、役職からはずれても、まだ会社に残って実務担当者として働く人が増えてきました。そのときに、自分の立場が変わったことを受け入れられない、アンラーニングできない方々が少なくないのです。

いうならば、「まだ管理職だもん症候群」。

50代半ばになって管理職を降りたあとも、精神的には管理職で居続けてしまう。まだ部長のつもり、課長のつもりでいるのです。

この場合、本来なら若手を育成する仕事とか、もう一度プレーヤーに戻って、それまでの経験を活かして周囲に貢献していかないといけません。

しかし、直前までに積み重ねたスキルや能力、経験、成功といったものを捨てることができない。すると、周囲からうとまれてしまう。組織適応ができなくて、煙たい存在になってしまう……という結果を招くのです。


このように、環境に変化があった際は、過去の成功体験をいかに軽やかに捨てるかが問われます。かつ、自分で決めて、捨てることが肝心です。

他人から「捨てさせられる」のは、自分で「捨てる」よりも痛みがともなうものです。そういうときこそ、積極的にフィードバックをとりに行って、自分を立て直すことが重要なのかもしれません。

にっちもさっちもいかなくなって、他人からフィードバックを押しつけられては、背負う痛みも大きなものになってしまいます。**他者から指摘されるより前に、自ら変わる、自ら捨てるという選択をしたほうが楽なのです**。そのためには、自らフィードバックを求める行動をとったほうがよいと思われます。

行動⑥
場をつくる

▼人々が集うような機会、イベントを主催する

「場をつくる」とは「人々が集い、コミュニケーションをするような機会やイベント」を自ら主催してしまうということです。

行動④「越境する」で、わたしたちは「自分の慣れ親しんだ場所を離れて、違和感を感じる場所に行く」ことの大切さを認識し、社外の勉強会や読書会などに出かけたり、社外で実施されているセミナーなどで学ぶことの重要性を認識しました。

越境することは、たしかにパワフルなのですが、**実は長い間、「越境をし続けた人」が到達するのが、この行動⑥「場をつくる」になることが多いものです。**

これまでは、「誰かのつくった学びの機会」に外部から参加していただけだったけれど、ついに、自らがそうした学びの機会を創出するまでになってしまう、ということです。

僕自身にも経験がありますが、「自ら場をつくること」は「誰かのつくった場に参加すること」よりも、実は多くのメ

リットがあるのです。

もちろん「自ら場をつくること」は、たしかに大変なこともあります。企画をつくり、告知を行い、人を集める。人が集まったら集まったで、領収証を発行したり、参加者からの問い合わせにも応えなければならない。たいていは、最初は人を集めることに苦労なさるかもしれません。

しかし、たとえスモールスタートであっても、そこに人が集まり始めると、様々な可能性が開けてきます。それはかくのごとくプロセスです。

人が、集まります。感謝されます。さらに、そこに情報が集まってきます。人は、人を連れてきます。さらに情報が集まってきます。

さらに、さらに、自分がつくったコミュニティのなかで、いろいろな人たちが有機的につながって、さらにそこからいろいろなものが生み出されていく……ということまで発生します。

▼10人前後から始まった「ラーニングバー」は最後は800人に

僕自身の体験をお話ししましょう。

10年以上前のことになりますが、**2006年から3年間、僕は「ラーニングバー」という「実験的な学びの場」を主催していました。**「組織を越えた大人のための学びの場」をつくろうと始めたもので、その当時の人事・人材開発の最先端の話題を題材に、200人の近くの人々が対話をすることを目的にしていました。

最先端をひた走るプロフェッショナルによる講演がありつつも、「大人の学び」にふさわしく、お酒と料理も用意して、参加者同士の対話もあるといった1粒で3度おいしいことをめざした学びの場でした。

当時、それまで他で行われていた、いわゆる「講演会」は、参加者は登壇者の話を聞くのみでした。120ページの話を踏まえるなら、「聞く、聞く、聞く、帰る」という学びです。

ラーニングバーでは、これを明確に「否定」しました。話を聞いた参加者は、聞いて考えたことを会場にいる他の人たちと対話することで、一人ではできない新たな発見をする。つまり、「聞く、考える、対話する、気づく」というスタイルをとったのです。時にはワークショップをすることもありました。

ラーニングバーは、最初は10人前後の参加者からスタートしました。告知は、ツ

「ラーニングバー」の様子

お酒もお料理も
用意

「聞く、考える、
対話する、気づく」
新しいスタイルの学びの場！

イッターやブログなどのネットを活用しました。次第に人気になり、最後は応募者だけで800人を超えるまでに！　しかし800人の応募が寄せられ200人ほどしかお応えできないと、心苦しい状況が続きます。結局30回を最後に終了しました。

この活動は最初、僕は自分から参加者の方々に「ギブすること」が多かったように思います。大変な準備をして参加者に喜んでもらって終わる。この繰り返し。ギブギブギブギブ……で、ワンテイクあるかないか、こんな感じだったように思います。

でも、それでいいのです。**誰かとよい関係をつくりたければ、ギブをたくさんする。最初はテイクなんて期待してはいけない。**その一心でした。

結果、ラーニングバーを開くことが僕にもたらしたのは、「自分が研究をしていくための人脈」です。

今でこそ、多くの企業や団体の方々とつながりをもち、共同研究をしたり調査を依頼したりするようになりましたが、それ以前はなんのコネクションもありませんでした。

このおかげで、僕の研究は以前よりずっとやりやすくなったのです。もちろん最初からそのことをめざしていたわけではなく、結果としてそうなった、というだけの話ではありますが。

このことで僕がわかったのは、「**学びの場を人々に提供すると、世界が広がる**」という真実です。喜んでくれた誰かが他の人を呼んできたり、紹介してくれたりします。

一人とつながることが10人とつながることになる。自力で10人とつながるのは大変なことですよね。けれどもそれが、たくさんのギブの先にあったのです。そしてもちろん、出会った人たちが、多くのチャンスをもってきてくれるようになりました。

自分を変え、他者と関わり、その結果として世界が広がる。こんなにうれしいことはない。僕が実体験からわかったことです。

人が一人でできることなんて、たかが知れています。100人が一人ひとり、それぞれの経験をもっていて、その100人が交流すれば100人分の経験を疑似的に体験できたということに等しい体験ができる。**自分の器を越えた豊かさを得るのには、場をつくり、交流することが最短ルートかもしれません。**

行動⑦
教えてみる

▼「変化させる側」にまわる

教えてみるとは、文字どおり、あなたが「学ぶ側」ではなく「教える側」にまわるということです。

教えることの伝統的な定義は「望ましい方向に人を変化させること」です。**あなたが「教える側」にまわるということは、あなたは「変化させられる側」ではなく、他人を「変化させる側」にまわることを意味します。**

「変化させられる側」から「変化させる側」への転身……。

こう書いてしまうと、教えることとは多くの人々にとって、自分とは「無縁」の「かなり距離のあること」のように感じるかもしれません。

実際、「教えること」をすすめられたり、そのことに向き合い始めたビジネスパーソンには、

「この私が、教えるのですか……教えるなんておこがましい」

「私には、そんな、大それたことはできません。まだまだ私は学びモードですので」

といったような感想をもつ人が多いものです。

しかし、教えることとは、そんな大それたことではないのです。

今一度、こう考えてみてはいかがでしょうか。「教えること」のイメージを少し見直してみるのです。

一般に「教える」とは「有能な人」から「無能な人」に対して、一方向の導管（パイプ）が伸びているかのように考えられがちです。「無能な人」は、静かに「有能な人」の言葉に耳を傾け、知識やスキルを受容します。

この場合、教えるとは「一方向でなされる活動」です。

「有能な人」のなかにある「知識」や「スキル」が導管（パイプ）を通って、あたかも「ものを運ぶ」かのように「無能な人」に移動すること。多くの人々にとって「教える」とは、このようなイメージで把握されがちです。

このようなイメージをもっていますと、教えることとは「大それたこと」のように感じます。

自分のなかに「きちん」とした知識やスキルがたまってからでないと、他者に対して知識やスキルを移動させることはできないと考えるからです。

こうした「一方向的な教えるイメージ」を、専門用語では「導管モデル」といいます。「導管モデル」においては、教える側は「有能なもの」であり、学ぶ側は「無能なもの」、そして知識やスキルは、あたかもものを移動させるかのように伝達でき、かつ、これを効率的に伝達することこそが「教育」であると考えます。

伝統的な学校教育が依拠してきたような学習モデルは、まさにこのモデルです。

▼教える側も学び手も一緒に変わる

しかし、ここでひとたび、教えることに関する典型的なイメージを見直してみましょう。見直すべき点は3つです。

まず第一に、「教えること」とは「望ましい方向」に学習者を「変化させること」だとしましたが、ここで「変化する主体」を、学習者だけにおくのではなく、教える側にも求めてみるとどうでしょう。つまり、「教える側」も変化し、「学び手」も変化するというふうに考えてみるとどうでしょうか。

あなたは「学び手」を変化させなくてもいい。「一緒に変わればいい」のです。

▼「対話」を行うことで学び手が変わり、教え手も変わる

また、教えるほうが一方向的に学び手に働きかけて、学びを引き起こさせなくてもよいと考えるとどうでしょう。

つまり、教え手側から学び手側に伸びているという「導管」に、きちんと体系化された知識が伝達される。学び手は、それを無批判に受け取るといったモデルを前提にするのではなく、むしろ、**教える側と学び手側が「対話」を行うことで、学び手が変わり、教え手も変わる**と考えてみてはどうでしょう。

学ぶかどうか、変化するかどうかは、教え手側の責任だけではありません。それは学び手と教え手の共同作業です。自分だけで行わなくていい、と考えるのだとすると、少し気が楽になりませんか。

▼学び手とともに新たな物事を探究する

最後の3つめとして、学びによって獲得されるものが、「教える側がすでに知っている知識・スキル」だけと考えないのだとするとどうでしょう。

すなわち、教える側も学び手側も、いまだわからないことを「対話」を通じて「探究」し、新たにわかるものだと考えてみるとどうでしょう。

学び手とともに新たな物事を探究すればいい、ということになると、少し気が楽になると思います。

要するに、教えることとは、

教える側も、学び手側も変化することである。
教えることとは、教える側と学び手側の対話によって可能になる。
教えることとは、教える側と学び手側の探究によって、新たな物事を発見することである。

と考えてみるのです。

そう考えてみれば、教える側であるはずのあなた自身も、学び手と同じ位置から、教えること＝学ぶことにつきあうことができます。

無理矢理、学習者に勝とうとしなくてもいいのです。学習者を圧倒しなくてもいいのです。

あなたのイニシアチブのもと、ともに対話し、学び合うことさえできれば、それが教えることにつながります。

▼教えることは「学ばざるをえない状況」を自分でつくり出す

教えることは様々なメリットを生み出します。

何よりも大切なことは、これまでにも書いたとおり、あなた自身が「学び手」でいられるということです。

まず第一に「教える」ためには、ある程度は「学ばない」といけない。どんなに教え手が、学び手とともに知識をつくり出すとしても、教え手はある程度、場を維持する責任があります。そのためには、あなた自身が「学び続けること」が求められます。

仮に、あなたが仕事について教えるとします。たとえば、自分が若い頃に得たプログラミングの技術を経験の浅い人に伝えるためには、最新のプログラミング技術、環境についても、あなたは学ばなくてはなりません。**教えることは、「学ばざるをえない状況」を自分でつくり出すことに似ています。**

▼教えることは「感謝されること」が多い

もうひとつのメリットは、「**教えること**」は「**感謝されること」が多いということ**です。これはさらなるモティベーションにつながります。

教えることを通して、経験の浅い若い人との人脈も広がります。そうした人脈が、今後の仕事につながる可能性も出てきます。

近年、企業では外部の研修会社に頼らず、自社内で研修を企画・制作・実行することが流行っています。このことを人材教育の「内製化」といったりします。

なぜなら、社員を教え手にまわすことで、経験を棚卸しさせるとか、成長させるという目的があるからです。そこを自身のチャレンジの場として活用してもいいでしょう。

私の知っている人で、トッププレゼンターと呼ばれるようなプレゼンの名手が、社内勉強会を依頼されてやってみたというケースがあります。

いざやってみると、自分が思っていたやり方がなかなか形式知になっていかない。言葉にできない。言葉にできたものも、そのまま伝えたのでは他の人には伝わらない。このような経験をされたそうです。

彼はその後、自分のプレゼンを、かなりしつこく丁寧にひもときながら、そのなかからコツを拾い出してわかりやすくまとめていくのですが、このプロセスすべてについて、学びが深まったと喜んでいました。

このように、「教えてみる」ということがキッカケで、周囲に感謝され、かつ自分の能力も伸びるという一石二鳥は、とても楽しい「大人の学び」です。

そして、能力やスキルだけでなく、人格を磨くことにもつながるのだと思います。

Column-3

身近にいるいる？ 自分もあるある？『学び迷子さん』にご用心！

パターン③「インプットしすぎで頭でっかち!? 迷子さん」

「いろいろなセミナーに参加したり、ビジネス書もたくさん読んでいるという30代後半の男性部下がいます。内容を時々ＳＮＳでアップしていますが、『行ってきました』『読みました』どまり。社外の活動で仲間が増えることも楽しそうですが、職場であまり元気がなく、実践できていそうにありません」

日本の企業では、これまで社外で学ぶ人のことをあまりよく語らない傾向がありました。外に出ていって学ぶ時間があれば、社内で残業のひとつでもして働け、というわけです。

しかし、就業時間以外に、どのような活動に従事していても、どんな学びの場に出入りしていようとも、「それはそれでよろしい」のではないでしょうか。

長時間労働が横行し、社会的孤立の高いこの国にあっては、むしろ、そうした「学びの場」が社外にあり、そこで学ぶことができることのほうが大切であるように思います。

ただ、もしも、彼と同じ職場で働く同僚であれば、せっかく学んだことを職場でも役立てることができるのに、と思ってしまう人もいるかもしれません。

もしそうなのだとしたら、社外で学んだことを社内に還元してもらうべく、社内で勉強会や読書会を開催してもらってはいかがでしょう。

その人にとっても、「教える側」に立つことで、学ぶこと、気づかされることは多いような気がします。「教えることは、学ぶこと」であり「教えることは、気づくこと」です。

そして、教えることを担えば、他人から「感謝」される可能性が高まります。社内では、あまり元気のない人も、こうしたことをキッカケに、社内でのポジション（立ち位置）を確保することができるかもしれません。

大人の学びの「3つの原理原則」「7つの行動」が詰まっています。

ちなみに、「ロールモデル」は大人が学ぶ際に欠かせない存在のひとつ。企業研修でもロールモデルのパネルディスカッションが行われたり、メンター制度が取り入れられたりするように、モデルとなる人の行動様式や姿勢・態度などを手本にすることで、モティベーション向上、プラン作成のヒント、アクション促進につなげることができるのです。

ぜひ、あなたならではの学びの道のりを踏み出す糧にしてください。

Chapter 4

学び上手さんの「学びの履歴書」から学ぶ

ここまで「大人の学びとは?」をあらゆる角度で解説するとともに、その「原理原則」と、基本となる「行動」を紹介しました。

とはいうものの、先述したとおり、大人の学びとは「知識インプット」ではなく「アクション」です。ですから、この本を読むすべてのみなさんに、アクションしていただけるのが僕の願いです。

最後の章では、「大人の学び」を実践する7人の方々を、ロールモデルとしてご紹介します。

彼・彼女がどんな動機で、どんな選択をして、どんな学びをして、何を得たか、じっくりとお聞きし、それぞれの方のお話の最後に、僕が感じたことを「解説」としてまとめました。そのストーリーには、

Case 1

「会社の看板」に頼らず「自分」に力をつける

Mさん（46歳）／公的産業支援機関・センター長

【プロフィール】

大学卒業後、大手食品商社に入社。21年間、営業職を担当。仕事と並行して数々の書籍を読んだり、簿記資格、MBA、中小企業診断士の資格を取得するなど、多様な学びを重ねる。

同期のなかでは最速で昇格・昇進し続けてきたが、両親の死、自身の心身不調などをキッカケに自ら降格を選択。

公的産業支援機関の新規立ち上げとそのセンター長募集の広告をたまたま目にし、即応募。150倍の難関をへて採用される。

現在は成果に応じた1年ごとの契約でセンター長を務め、中小企業の経営相談にのる毎日。2児の父。

「学び」の履歴書

誰もが名を知る大手食品商社で営業をしていましたが、実際の仕事は「人間関係づくり」がメイン。平たくいえば、接待して、ゴルフして、「お客さんと仲良くなることが仕事」という風潮がありました。

入社5年もたてば、自分の成長曲線が止まりそうになっていることがわかるのです。周囲はそこに疑問すら感じていなさそうだったけれど、僕自身は20代の頃から危機感と知識欲が強く、「この先40年もこんな人生を歩むのか？」と心がザワザワしました。

もちろん人間関係づくりは大事だけれど、「営業の仕事って『その先』があるはずだ。成果（売上）の検証が『気が合う・合わない』なはずはないだろう？」という疑問もありましたね。

論理的背景をもち、再現性のある力を身につけたかったのです。社内にはそんな話をできる人がいなかったので、社外にそれを求め続けました。

仕事に慣れた3年めくらいから、ビジネス書は徹底的に読みましたね。営業を体系化したくてＡＢＣ分析を学んだり、部下育成や人事の本も読みました。とにかく、やみくもに書店さんで平積みになっている本を乱読。

とはいえ、**日々の仕事とは乖離した世界ばかりで、実務と結びつかず、もどかしかったです。**31歳の頃は、経営の勉強をしたいと思い、夜間の経済学部修士のコースをのぞいてみたけれど、もっとリアルな経営の勉強がしたいのに「学問」的に感じて、それ以上、前に進めませんでした。

学んだことの手応えを感じたのは、32歳の頃に直談判して手に入れた異動先での仕事です。いったん営業を離れて営業推進部に入り、企画の仕事に携わったのですが、これが成果を上げました。

学んだことが、ようやく自分の仕事で活かせた気がしたのです。

というのも、やっとここで、乱読していた本の知識が活きたからです。

当時、営業推進部では、新たにプロジェクトチームをつくり、新たな営業企画をつくっていました。しかし、このチームがくせ者で、なかなかうまくいかなかった。

しかし、僕はチーム形成の理論を知っていました。「集団形成には必ず衝突のプロセスが必要なので、今はこの段階です」などと解説して、周囲を納得させることができました。知識が実務に結びついて、役に立つ手応えを実感した時期でした。

その後の大きな転機は、40歳前後。両親が相次いで亡くなったときです。僕は同期のなかでも出世が早かったのですが、実はそれは、「親のため」でした。

大学生の頃、食品商社の他に、本命だった予備校の講師に内定をもらっていたのですが、親の喜ぶ顔が見たくて食品商社を選びました。両親は中卒で、常々「お前には財産は残せないけれど、教育だけは残してやる」と無理して大学まで行かせてくれました。誰もが知る食品商社なら、両親に恩返しができそうな気がして、進路選択は親のためにしたようなものでした。

だから、「やりたい仕事に就いたわけじゃないのだから、どうせなら出世してやろう」というのがモティベーションだったのです。

36歳で父が、39歳で母が亡くなり、出世を報告して喜んでもらう人がいなくなって、心にポッカリ穴が開いたようになって、初めて自分の人生を再構築したいと思うようになりました。

「70歳を過ぎても働ける人間になりたい。年齢で自分の人生が決まるのはごめんだ。誰かと比較して自分の力を確認するのではなく、『○○会社のM』ではなく、『Mがたまたま○○会社にいる』という自分でいたい」――それが答えでした。

もともとは、出世が目標で経営に関することを学びたいと、簿記や人材育成をかじりましたが、経営者養成に近い学びをしたくてビジネス大学院へ入学。MBAをとりました。

同時に、勉強の習慣がついている今のうちにと、中小企業診断士にもトライ。40～45歳くらいまでのことです。子どもが2人いますから、早朝や深夜が勉強タイム。勉強している様子は見ていなくても知ってはいますから、父親が誇りをもって生きていることが子どもに伝わったらいいな、とも思っていましたね。

中小企業診断士をとろうと思ったのは、「60歳過ぎたら中小企業のサポートをしたい」と考えたから。「MBAで経営コンサルです」というのは性に合わないと思ったし、食品商社の営業をするなかで、大手メーカーの人と仕事をするより、地方の小さなメーカーさんと一緒になって商品をヒットさせていく過程のほうがずっとやりがいがあったのも大きかったですね。

今の仕事先は、大学院仲間がSNSでシェアしていた情報がキッカケです。中小企業支援って、おじいさんになってからの仕事だと思っていたから（笑）、思わぬチャンスでした。

勤務先の人たちは「辞めるなんて……（もったいない）」という人が多かったけれど、大学院の仲間や家族は賛成してくれました。

人生観・価値観って、所属する職場や参加しているコミュニティによって左右されるのだと痛感しましたね。

卒業した大学院で毎年、学びのフォーラムがあるのですが、後輩たち向けのスピーカーを頼まれるようになりました。学生の立場だった頃は、「あちら側の人だ」と感じていた立場になったのです。

なってみて思うのは、**「こちら側・あちら側」の違いは、能力的な差ではないという**

こと。「決めて、動いたかどうか」だけです。

現在の中小企業支援の仕事では、これまでの実務経験と、学んできた知識、そして最新の情報をまじえながら一社でも多くのみなさんのお役に立ちたいと思って仕事しています。今後も、役に立ち続けられる自分でありたいですね。

「学び」から得たもの

もちろん、「知識」は大きいですよね。プロジェクトで活躍できたのは、知識があったからです。

けれども、知識があるだけでは現場では通用しない。20代でもどかしかったのはそれだと思います。知識は、経験と結びついて「知恵」になったときに、現場に役立つ「情報」に転換されるのだと思います。

「知恵」を積み重ねると、人とは違う視点でものが見られるようになります。それが自分の存在価値になっていると思いますね。

また、「学び」を通じて「根拠のない自信」がつきました。それは、知識に対する自信と、「自分自身への自信」です。21年勤めた大手企業を辞めても、くいっぱぐれずになんとか生きていけるだろう、と思えたのは学び続けたおかげです。

これから学びたいこと

「AI（人工知能）」です。でもAIは象徴かもしれません。僕は「これから世の中がどう変わっていくのか？」に関心があるのです。先を見据えていきたい、というのは常に思っていることです。相変わらず書店をうろうろすることは欠かせないですね。

もうひとつ考えているのは、「これまでの学びを整理する」こと。

ものすごくたくさんインプットをして、今はアウトプットをしているところですが、**ここからもう一段進むためにも、「守破離」の「破」から「離」にいきたいのです。**

学んだものを使ってみて、いろいろな経験を積んで、そのうえでもう一度学び直しや整理をするなかで、「自分なりのもの」として再構築したいのです。「普遍的な古典」と「新しい情報」を掛け合わせて、今に生きる知恵を生み出し続けたいですね。

解説

Mさんの歩まれてきた履歴は、いくつかの点で非常に興味深く感じました。

まずMさんは、大手食品商社の営業職であった頃、「お客さんと仲良くなることが仕事」という自分の仕事のあり方に疑問を感じ、「その先」を見つめます。

「入社5年もたてば、自分の成長曲線が止まりそうになっていることがわかる」とか、「この先40年もこんな人生を歩むのか?」とかいうMさんの言葉からは、当時のMさんの切実な思いが見てとれます。

一般に知識というものは、わたしたちが思っているほど「ポータビリティ（携帯性）」がありません。結局、ひとつの企業・組織のなかで獲得できる知識・スキルというものは、「その知識に固有のもの」であり、その「組織」に文脈づいています。こういう知識やスキルのことを「**企業特殊スキル**」と呼んだりします。

企業・組織が「安定的」であれば、そこで必要とされる知識・スキルにはあまり変化がありません。きっとMさんが若い時代を過ごしたこの大手食品商社は、よい意味で「安定的」であったのだと思います。

自分の仕事のあり方に疑問をもち始めたMさんがまず取り組んだのは、行動②「本を1トン読む」でした。「大人の学び」を志し、**自分を立て直したいと願う人々が、まず、取り組むのは、たいてい読書であることが多いものです。**

仕事に慣れた3年めくらいから、Mさんは、ビジネス書を中心に徹底的に読み込んでいきます。その後、Mさんのモティベーションになったのは「70歳を過ぎても働ける人間になりたい」という熱い思い。それも、「○○会社のMさん」ではなく、「Mがたまたま○○会社にいる」という形で、自らのスキルと力量で働いていけることをめざしました。

その後、Mさんは大きなプロジェクトで、自分が蓄積してきた知識を実践にうつすことができ、大きな自信を得ます。

学んだことを、仕事の現場に活かすことを、専門用語では「学習転移（Transfer of

learning)」といいます。このプロジェクトで、Mさんの学びは、ようやく学習転移を果たすことができました。

世の中には、「学ぶこと、そのことが目的である学び」もあってよいと思います。学びは、誰もが思い立ったときに行える自由な活動なのですが、人にとやかくいわれる筋合いはありません。しかしいろんな下心をもち、学んだことを転移させることを試みてもよいのかもしれません。

Mさんの言葉のなかで非常に印象的な言葉があります。

それは、「人生観・価値観とは、所属する職場や参加しているコミュニティによって左右される」という言葉です。

この言葉は、実は、この100年の「人文社会科学の大きな発見」を端的に表現する言葉です（構造主義といいます）。僕は机上の理論ではなく、実際の人生を通じて、この境地にいたったことに非常に驚きました。

わたしたちは、ふだん、自分は「個人として独立した存在」だと思っています。個人として、様々な思いや考えをもち、それは他の誰からも影響を受けることはない、と考えがちです。しかし、それは間違っています。

実際は、わたしたちは、自分たちが所属する「ハコ」や「枠」や「集団」のなかで、そこにいる人から大きな影響を受けながら、思考し、行動しているのです。知らず知らずのうちに、わたしたちのものの考え方や生き方は、そうした「ハコ」や「枠」や「集団」の影響をたぶんに受けます。かくして、「ハコや枠の常識」から、いつしか「自分の常識」が作り上げられてしまうのです。

しかし、いったん「ハコや枠」から離れると、興味深いことがわかってきます。自分がいったん「ハコ」を離れてしまえば、また違った見方があることを考えさせてくれるのです。

Mさんが到達した境地は、まことに興味深いものでした。それは「**こちら側・あちら側の違いは、能力的な差ではない」ということであり、「決めて、（ハコの外に出ようと）動いたかどうか」ということだけである**ということです。

行動④で僕は「越境すること」の大切さを論じました。越境とは、Mさんの言葉を

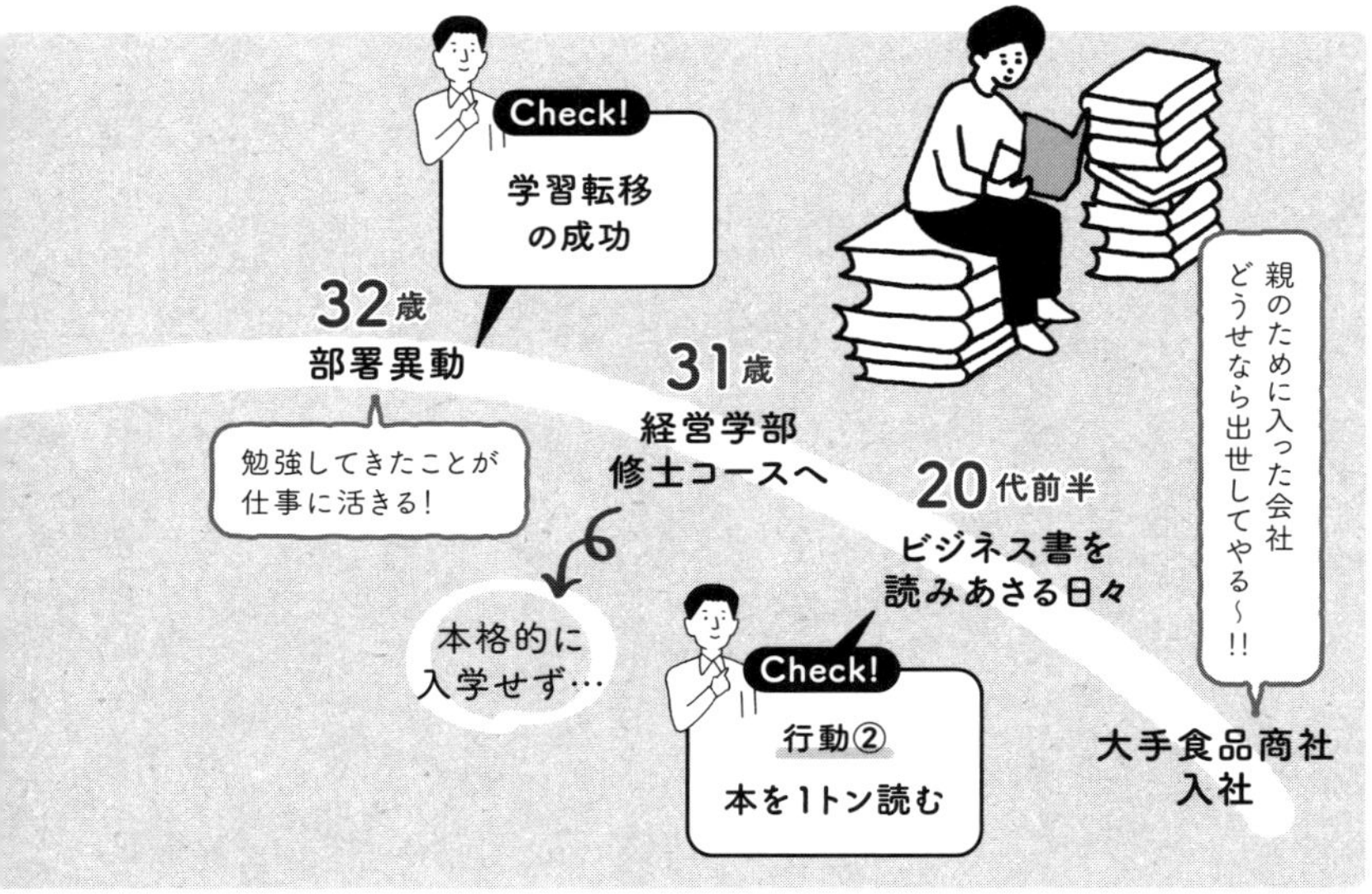

借りるならば、「決めて、（ハコの外に出ようと）動くこと」を意味します。Mさんは、ビジネス大学院に通って、越境学習を行いました。

彼は「ハコ」や「枠」や「集団」の外に出てしまいました。

そして、それを経験してしまえば、もう、わたしたちは、今まで慣れ親しんだ形では、これまでの世界を見つめることができなくなります。

それまであたりまえだと思ってきた「人生観・価値観」を疑うことになり、それが「変化」につながるの

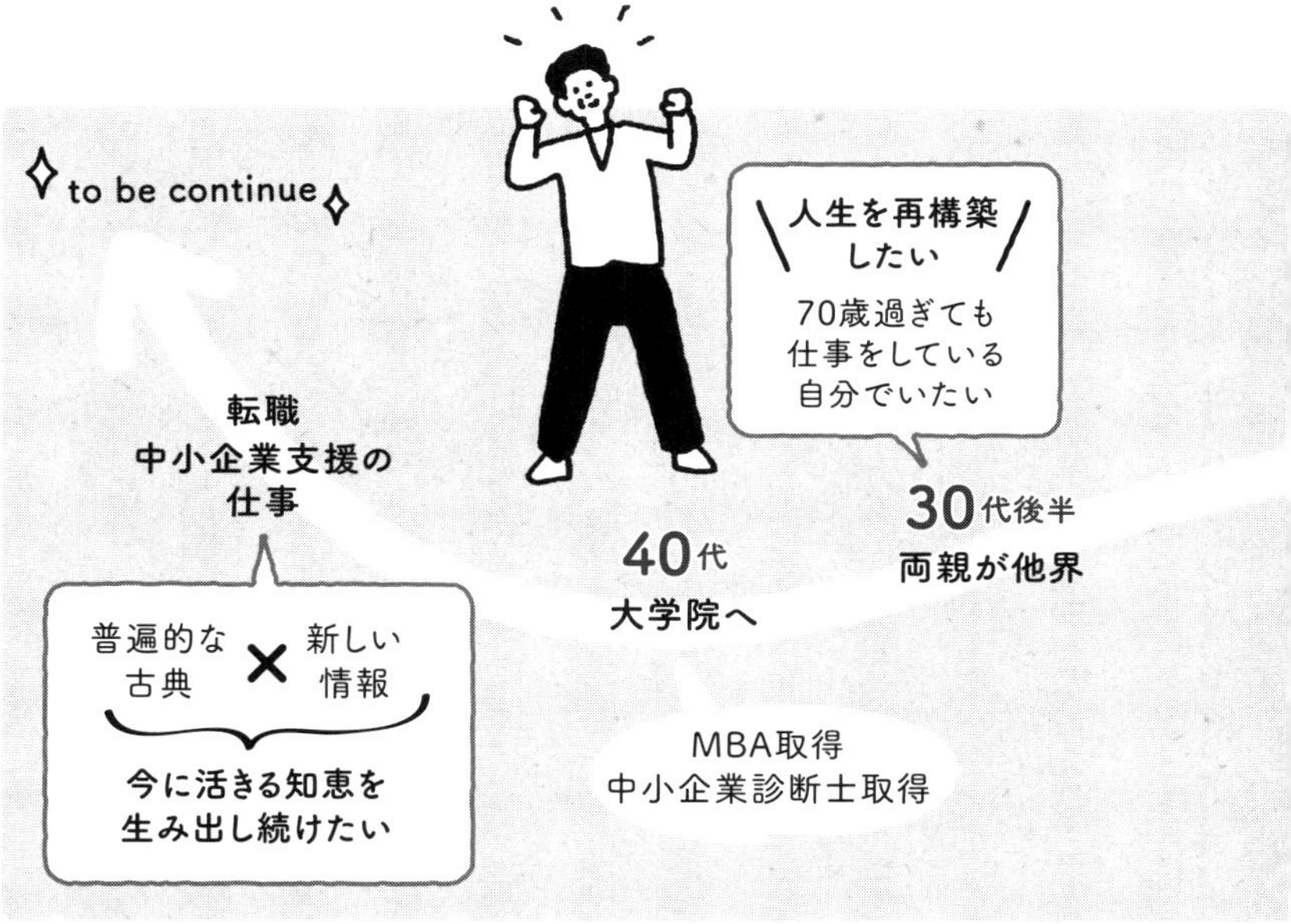

です。

あなたは、どのようなハコに所属していますか？

自分のものだと思っている価値観や人生観は、本当に自明ですか？

そして、ハコの外に広がる世界に飛び出す勇気はありますか？

あなたは、決めて、出ようと動きますか？

それとも、慣れ親しんだ世界のなかで、生き抜くことを望みますか？

Case2

「楽しいから学ぶ」を続けて「複業」に

Dさん（38歳）／メーカー・新事業の企画開発

【プロフィール】

大学院卒業後、メーカーに入社。地元を離れ、縁のない土地で社会人生活を始めたが、環境に慣れず悩む日々を送る。

当初は、「早くこの土地を脱出したい」「人生を変えたい」という一心でガムシャラに学びを重ねるが、出向や異動を通じて次第にその気持ちはおさまっていった。

仕事に必要な学び、関心がある学びを同時進行する他、自身の結婚生活の不和を機に心理学を学ぶ。離婚後、海外インターンシップ参加や数々の自主勉強会に参加するうちに、蓄積した知識を活用して「複業」を開始。

現在は、会社員と並行して研修講師、資質コンサルタントやIT活用コンサルタントなどの「複業ライフ」を送る。

「学び」の履歴書

社会人生活をスタートした頃はどん底でした。人間関係が悪かったわけではないものの、同僚に気の合う人は少なく、量産開発の仕事内容にもあまり興味をもてませんでした。遠距離恋愛の彼女にもフラれてしまって。「会社を辞めてこの地を脱出したい！」という思いで、成功法則や能力開発の本を読み始めました。「とにかくたくさんの本を読みたい！」と、速読の本を読んだりセミナーにも参加したくらいです。20代はそんな調子で、とにかく本を読みあさった。脳科学、自己啓発、仕事術……ちょうどリーマンショックで収入が激減したのも重なり、投資の本も読みましたね。

30歳で結婚をしてからは、ライフイベントでばたついたこともあり、あまり学ぶことができない時期がありました。ところが、ライフスタイルや育児のやり方で妻と意見が対立し、それが原因で彼女はノイローゼになってしまい……。コミュニケーションをなんとか改善したくて、うつ病、発達障害、夫婦関係、モラルハラスメント、離婚ノウハウ、愛に関する本などを徹底的に読みました。

愛に関する本は、非常に感銘を受けて親族などにも贈ったくらいです。残念ながら、その後、妻とは離婚することになるのですが、この頃の体験と学びは今の自分に確実に活きていますね。

大きな転機は35歳。離婚調停中で八方ふさがりのときのことです。「とにかくこの状況を、人生を変えたい！」と思っていたときに、SNSで見かけた「海外インターンシップ募集」に直感で参加したことをキッカケに、大きく人生が動き始めました。

そのインターンは、「社会貢献＋ビジネス」をテーマにしたプロジェクトを海外を中心にやっているNPOの主催のもので、そのときの募集は「ベトナム少数民族のつくるカバンの新デザインを創るプロジェクト」でした。

英語？ TOEIC500点レベル程度しか話せませんでした。女性もののカバンをつくること？ もちろん興味なんてありません。大学生と社会人が混在するチーム活動ということで、ひとまわり近く違う人たちとやっていくのも初めてでした。

けれども、そのときたまたま夏休みで2週間程度休みがとれる状況で、投資できるお金もあって、何か救いになるものがほしいという必死さがあった。「今、行かなかったら行けない！」と、目の前にぶら下がったものをとにかくつかんだのです。

現地では、女子大生たちとチームを組んで、女性もののカバン開発をマネジメントする立場になりました。

会社の名前をはずして自分の身ひとつでどこまで勝負できるか、問われた2週間でしたね。ちなみにこの体験は、スライドにして課内のミーティングでシェアさせてもらいました。

その後はなぜか、人前で話す機会をもらうようになったり、社外に勉強に行く機会が圧倒的に増えました。上司からは課内の勉強会の講師を任されるようになりました。中途採用が多い部署でしたので、新卒から勤めている僕は「自社らしい」仕事の仕方やエンジニアとしてのあり方が語れるだろうという期待があったようです。

また、インターンの活動を話すなど、話し慣れていると思われたのもあるかもしれません。キャリアの話や、プロジェクトマネジメントのやり方など、僕自身の経験と学んできたことをミックスして自分がやりたいと思うプログラムをつくって登壇しました。

社外の機会としては、ベトナムのインターン中に知り合った人や、いろいろな人から「強みのアセスメント」について教えてもらったり、心理学領域を深めたり。尊敬できるビジネスパーソンの講演会に定期的に参加したり、「リトリート」といわれる内省するための宿泊型のセミナーにも行きました。

また、友人を介して知った社会人の学びコミュニティにも入って、他者のプレゼンから学んだり、自分自身も格安ＳＩＭの活用方法をプレゼンしました。自分が安くすませたくて研究したことをシェアしただけですけれどね。

いろいろ学んだなかで、とくに興味をひいた「パーソナリティタイプ理論」と「強みアセスメント」は、コンサルティングトレーニングやトレーナー養成コースまで受けにいきました。そのコースの宿題に「5人コンサルティングをやってくること」というものがあったのですが、夢中でやっていたら50人を越えていて。なかには、「無料だよ」といったのにおひねりをくれる人もいました（笑）。

課内の講師業務やこういった個人コンサルティングは、「仕事にしよう」という動機で始めたわけではなく、「楽しいからやってみよう」という思いで続けていたのですが、気がつけば実績が増えていて、「お金を払っても受けたい」とか「お金を払うから講座をやって」というお声がかかるようになっていました。

会社の規則を調べたら、副業はＮＧではなかったので、上司に相談。許可を得て個人事業主として活動を始めたのが38歳になってから。お客さんは、これまで受講者として参加したセミナーで知り合った方や、その方の友人など、「ご縁」ばかりです。

ちなみに、自分では「副業」ではなく「複業」だと思っています。複業の目的はお金ではなく、自分の幸せのため。好きなことをやって、突き詰めていくうちに成果（利益）があとからついてきた、というのが現状です。

メーカーの商品開発と人材コンサルティング、一見違う分野で活動しているかのように見えるかもしれませんが、自己表現の舞台が違うだけで、自分の幸せを追求するという点では軸は一致しています。私の幸せは、自分の思いを表現すること。芸術家が絵で思いを表現するように、ビジネスを通じて表現しているわけです。これからも、会社を辞めて独立するつもりはなく、好きなことを追求し続けていきたいですね。

「学び」から得たもの

ひとつめに、「自分の力量・立ち位置」がわかったこと。人生が加速したベトナムでのインターンは、会社に頼らず自分の力を試す場になりました。

そこでわかったのは、「意外にも自分にはいろいろと力がついているのだ」という実感。その後も、いろいろな講師のセミナーに出かけましたが、「3000円だとこれくらいのレベルなんだ」「この内容で5000円でも人が集まるんだ」などが見えてくると、自分の力量もつかめてくるので、人前で話すときの自信や参考になりました。

2つめは人脈。勉強に出かけた先で出会った人からまた別の分野の学びの情報を教えてもらったり、後にお客さんになってもらったり、お客さんを紹介してもらったり。商品開発の仕事をしているサラリーマンというだけでは出会えなかった、たとえば、占い師さんや絵描きさんといった人たちもたくさんいます。

3つめは、「自分が何を学び、どう生きるか」を持論化できたこと。20代の頃は、現状が嫌でとにかくその場を脱出したい一心しかなかった。

今、思えば、「会社の要求に応えなくてはならない、人より遅れてはいけない、出世しなくてはならない、生活に困らないくらい稼がなくてはいけない、だから学ばなくてはいけない」という発想に囚われていました。

けれども、たくさんの学びを重ねたり、多くの人に出会ったり、体験したことを振り返るなかで、「優秀になるために学ぶ」ことが大切なのではなく、「楽しいから学ぶ」「進みたい方向に進んだときに出てきた壁を乗り越えるために学ぶ」という選択が、結果的には幸福だし、投資としても効率がいいことがわかったのです。

「成長しなきゃ！」を手放したときに、成長がぐんぐん進んだ実感がありますね。

うまくいかなかった「学び」

先ほどお話ししたとおり、「どうすれば会社から脱出できるか」と必死だった頃の学びは、あまり身になっていません。

会社で必要とされて何度かトライした英語も、時間もお金も投資したもののまったく身についていません。ベトナムにはその英語力のままで行ったけれど、違う力でなんとかなったので、今の英語力でいいと、いったん手放すことにしました。英語の前に、日本語で語れなくては意味がないと思ったからです。

僕の性質としても、**「何が起きてもいいように」という「備え」で学んだものは無駄なのだなと痛感しています。それより、「楽しく夢中になって、終わってみたら何かに使えた」というほうが自然なようです。**

解説

Dさんは、会社員と並行して研修講師やコンサルタントとしての「複数の顔」をもちながら「複業ライフ」を送っています。

一般に「複業」というと、最初からとてつもないスキルをもった人が為すものと思われがちですが、Dさんがそこにいたるプロセスには、様々な挫折や葛藤がありました。

Dさんの20代は、会社を脱出したいと願い続けた時代でした。まずDさんは、様々な書籍を乱読しつつ、悶々とした日々を過ごします。変化を好む多くの大人が、まずたどりつくのは書籍であることは、以前にも述べました。本を1トン読むことは、決して無駄なことではないのです。

当時のDさんを支配していたのは、「脱出願望」。ところがたいていの「脱出願望」に基づく学びというのは、その後、本人が満足できる結果を得ないものです。

Chapter 2で僕は、「自分が楽しいと思える内容」「好奇心を感じることができる内容」の学びこそが変化につながることだと書きました。

「ここから脱出したいという願望」や「世の中から変化を強制されている」という動機から学ぶことは、奏功しないことが多いことを重ねてお話ししておきます。

残念ながら、Dさんは、その後、プライベートで危機を迎えます。Case 1でも書いたように、キャリアの大きな転機になるのは、仕事上のこともありますが、プライベートイベントであることも少なくありません。Dさんの場合もそうだったようです。

Dさんは、その後、行動④「越境する」に準じた行動に出ます。「海外インターンシップ募集」に参加するのです。この越境体験こそが、彼の人生を動かし始めます。この「海外インターン」で、Dさんは、ひとつのことを発見します。それは会社にいては、なかなかわからなかったこと。すなわち、「意外にも、自分にはいろいろと力がついているのだ」ということです。

会社にいるときには、自分の能力は推し量ることができません。しかし、外に出て、様々な活動をするにしたがい、自分には何ができるのか、何ができないのかが始めて把握できます。**「自分の業務能力」を理解したいのなら、外側から見つめることです。人は「他者」を通してしか、自己を知ることはできません。**「他者の目に他者として映ること」こそが自己理解につながるのです。

Dさんは、海外インターンをキッカケに人脈が広がりました。人前で話す機会、社外に勉強に行く機会が圧倒的に増えていき、気づけば、会社には兼業禁止規定がなかったので、コンサルティングや講師業などを行うようになっていきました。

非常に興味深いのは、こうした「複業」は、Dさんが「仕事にしよう」という動機で始めたわけではなく、「楽しいからやってみよう」という思いで続けていたことです。多くの「複業」を経験した人は、Dさんと同じプロセスをたどります。

最初から「複業」をめざしてそれを行うのではなく、楽しくて「複業」していて「気がつけば実績が増えていて」、顧客が生まれ、仕事になっていったということです。

会社を脱出するモデルではなく、好きで始めたことが、だんだん会社の「枠」におさまりきらなくなり、それを続けているうちに仕事になっていくというモデルが、多くの「複業」経験者から語られることがあります。Dさんもそのケースでした。

Dさんのケースから、わたしたちは多くのことが学べます。

端的にいえば、「楽しいからやってみる」の先に、様々な可能性が開けることが多いということなのかもしれません。

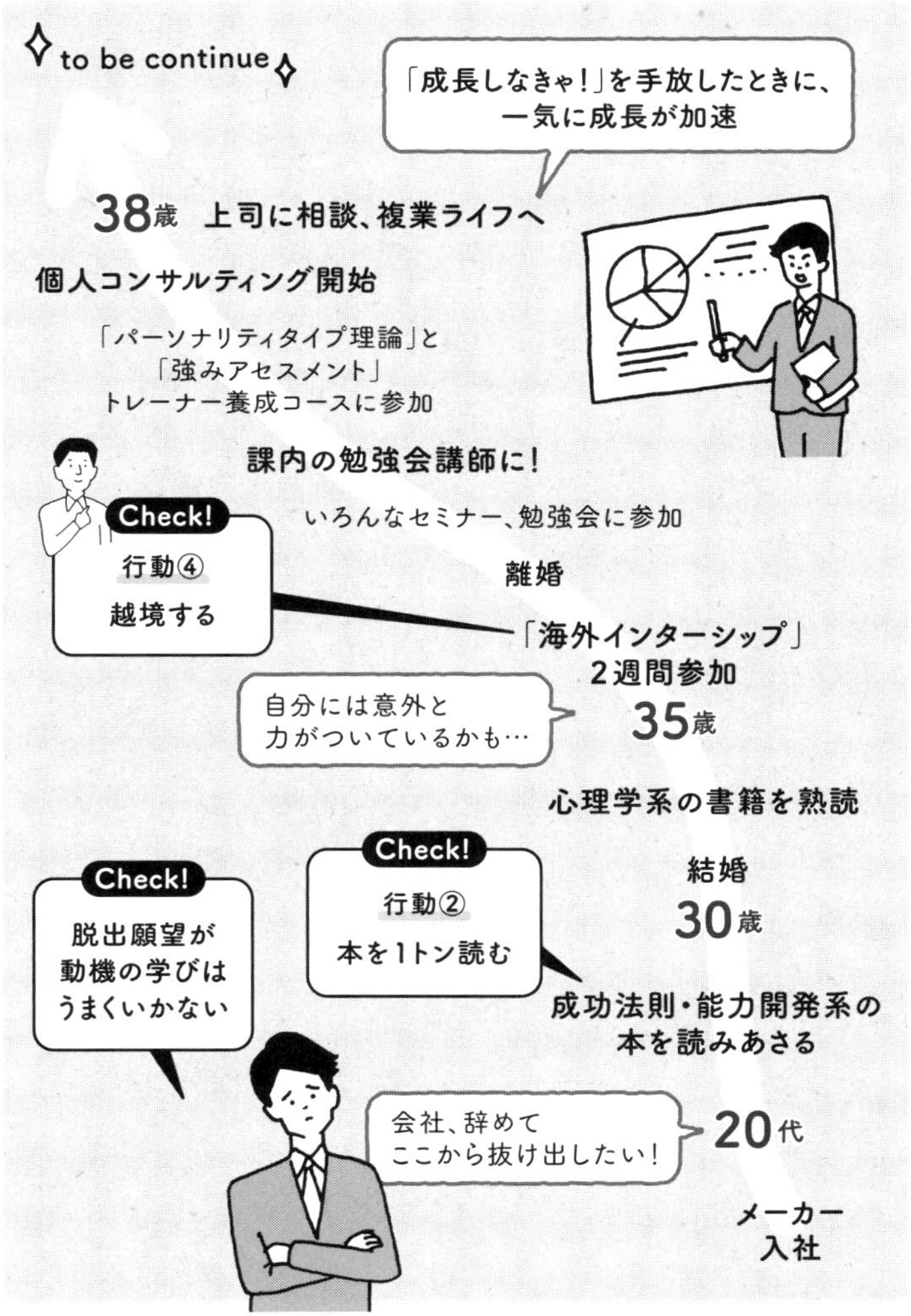
to be continue
「成長しなきゃ！」を手放したときに、
一気に成長が加速
38歳　上司に相談、複業ライフへ
個人コンサルティング開始
「パーソナリティタイプ理論」と
「強みアセスメント」
トレーナー養成コースに参加
課内の勉強会講師に！
Check!
行動④
越境する
いろんなセミナー、勉強会に参加
離婚
「海外インターシップ」
2週間参加
自分には意外と
力がついているかも…
35歳
心理学系の書籍を熟読
Check!
行動②
本を1トン読む
結婚
30歳
Check!
脱出願望が
動機の学びは
うまくいかない
成功法則・能力開発系の
本を読みあさる
会社、辞めて
ここから抜け出したい！
20代
メーカー
入社

Case 3

プロボノで見えてきた「自分とは何者か?」

Tさん(34歳)/自動車関連メーカー・エンジニア

【プロフィール】

大学院卒業後、大手自動車関連メーカーに就職。エンジンの開発者として勤務する。20代後半、学生から社会人まで多様な人が集まるコミュニティに参加し、数々のイベントを企画実行する。

遊びのようなものから始め、次第に収益を生み出すモノづくりイベントを開催するようになり、30歳でTEDの地元開催(TEDx)を実現。スピーカーとして登壇した人の経営する宇宙開発ベンチャーにプロボノで参加し、宇宙船のエンジン開発に取り組む。

当時は小さな民家の一角で進めていたこのプロジェクトは、現在、大手旅行会社や航空会社の出資を受け、実現に向けて加速している。1児の父。

「学び」の履歴書

混沌とした社会情勢のなかで、僕の社会人人生はスタートしました。

新潟県中越沖地震、トヨタ自動車の業績悪化、ＪＡＬの破綻……。

「『会社の看板』っていうのは、いつか通用しなくなるのだろうな」と思いましたね。

だからこそ、「自分は何ができる？」ということを知らなくてはならない、と思いました。

「何しているのですか？」「エンジンをつくっています」という答えは、会社でやっていることを答えているにすぎません。「あなたは何ができるのですか？」という問いに「これができます」と答えられる自分になりたいと考えていました。

それが何かはわからないけれど、「どこで何をやっていたか」ではなく、「自分に何ができるか」を知りたかったのです。

「自分に何ができるかを知る」とは、「気づく」こと。比較でしかわからないと思ったので、社外に出て活動することにしました。

入社後すぐやったのは、社会人サークルに入ること。遊びのサークルですよ。まずは人脈を広げようと思ったからです。

同時に、いろいろな講座に行きましたね。勉強会であれば、英語、マネジメント、専門分野である工学技術。好きなサッカーの集まりにも行ったし、大学の社会人講座で経済、会計、法律なんていうのもかじってみました。というのも、自分は高校時代に文系から理系に変わっているので、会社に入って1年もたつと、エンジニアで勝負するのは難しいかも、とジワジワ感じるようになっていたのが実情で……。

マネジメントの方向をめざしたほうがいいのか、そうしたら文系の専門的学びもいるだろうな、と考えたのです。この頃はとにかく模索していた時期です。

29歳の頃、あるコミュニティに入ったのが、今の自分になったキッカケです。社会変革がテーマのイベントで知り合った人が、「『秘密基地』をやっているからこない？」と誘ってくれたのです。

ビルの1フロアをコワーキングスペースみたいにしているところだったのですが、コワーキングとは呼んでいなくて。

正直、「ただ集まって騒いでいるだけだろう」と思っていたのですが、同世代のそのオーナーは「ここから創発的に何かを生み出したい」というヴィジョンをもっていました。とはいえ当時はやっぱり、ただ集まって騒いでいるようにしか見えませんでしたが（笑）。

その後、3Dプリンタやレーザーカッターが世の中に出てきたので、みんなでお金を出し合って買い、「モノづくりビジネスをやってみよう」といい始めてから、少し流れが変わりました。小物をつくるワークショップをしたり、デザインをもち込んでもらって加工のお手伝いをしたり。子ども向けのモノづくり教室はわりと収益を出すことができました。

この、イベント企画の体験はとても勉強になりましたね。スタッフは学生から社会人まで多様な背景をもつメンバーで構成されているなか、企画して、集客して、当日実行する。その流れのなかでは、教科書どおりにはいかない、実践を通じた学びがたくさんありました。

次の転機は、そのコミュニティ仲間2人とTEDの映像を見ていた日。「おもしろそうだね」「やってみようか」と話すうち、あっという間に実現に動くことになりました。

当時は、TEDを開催するのにライセンスが必要なことすら知らなくて、「やりたい！　なら、やれるんじゃない？」ぐらいにしか思っていませんでした。そこから1年くらい、開催準備にかかることも知らず……（笑）。多くの人たちの協力を得て実現したTEDxは、地元初開催で非常に注目していただけました。

なぜできたか？　振り返れば、たぶん僕たちが「何ももっていなかったから」だと思います。すごくお金持ちなわけでもなく、会社がすごく大事なわけでもない。そしてもちろん、それまでのイベント企画の積み重ねによる信頼関係も助けになりました。

現在は、ある宇宙開発ベンチャーでプロボノスタッフの中心メンバーとして活動しています。3年めになりますが、そのキッカケはこのTEDxです。

TEDxのテーマを「過去・現在・未来」とおいて、過去は伝統工芸の人、未来なら宇宙だろうと設定しました。宇宙に関することをしている地元に住んでいる人を探したら宇宙開発ベンチャーをやっている社長に行きついてスピーチをお願いすることにしました。

TEDx終了後、お礼を兼ねて社長のところへ遊びに出かけたときに「宇宙開発に取り組む人たちが集う、『宇宙ハウス』をつくりたい」という思いを聞いて、その場で合流を決意。今にいたります。

当時、秘密基地の活動は、TEDxを終えてやりきった感もあり、遊びではなくさらに本気で取り組める場を求めていたのです。平日は会社の仕事が終わった夜と土日も宇宙ハウスに通いつめ、エンジン開発やテスト機の飛行準備、宇宙旅行事前プログラムの企画などを進めました。

当初は数人規模だったプロボノが、テレビ取材を受けるなどして少しずつ認知度が上がり、参加希望者が増えてきて、今は常時30人くらいが出入りしています。

外国人が「インターンシップをしたい」と海外から来たり、技術者だけでなく経理や保険、法律の専門の人が「自分も宇宙関係に関わりたいのだけど、何かできませんか？」と訪ねてくることもあります。

僕は、今はエンジン開発がメインですが、以前はスタッフのシフト管理をするなど、現場のマネジメントもやっていました。秘密基地での経験がここでも活きました。

今は結婚して子どもが生まれたので、独身時代ほど時間を費やすことはできていないのですが、お世話になった社長のそばで有人ロケット飛行が成功するまで携わるつもりです。

「学び」から得たもの

先ほどもお話ししたように、秘密基地でイベントを企画したときは、「現実は教科書どおりにはいかない」ということを痛感させられました。

たとえば「集客が足りなければ顧客の母数を増やせ」というのが学問としては鉄則ですが、実際は母数を増やしたところでうまくいかない。「顧客のニーズに合ったものを提供せよ」という鉄則も、スタートアップには効果的ではない。

もちろん理論がダメなわけではないけれど、いろいろな方法があり、すべて教科書が正解ではない。つまりは「しなやかさ」が大事なのだと実感しました。

また、高卒フリーターから30歳社会人まで、幅広い人たちで構成するメンバーをたばねるうえでは、「**正論は常に正しいわけではない**」「**事実は人によってたくさんある**」**ということを、まさに字面ではなく体験で学びました。**「**1円稼ぐことの大変さ**」「**黒字にすることの大変さ**」**も、会社員ではわからなかったことだと思います。**

そしてそもそも、「**自分に何ができるか知りたい**」**という動機で学びの10年を過ごしてきたわけですが、その何かが、やっと最近みえてきました。**

自分は、大きな会社の技術部門か、小さなベンチャーが合っていて、商品開発の進行やコスト管理など、すべての工程をひっぱっていくことが強みだと認識しています。

新人の頃から、あのままずっと会社に居続けるだけの日々だったら、「技術者は技術にこだわるのがすべてだ」と思い込んでしまったはずです。けれどもベンチャーに関わることで、本業の会社での仕事にも格段によい影響が出ています。

たとえば、マネジャーや同世代と比較して、決断は早いと思います。会議は、目的や自分のいる意味が見えなければ、3分で退室します。無駄なところに時間を費やすくらいなら、別の仕事をしていたほうが生産性が高いのは当然です。他に会議を抜ける人は……いないですけれど（笑）、マネジャーには了解を得ています。

うれしかったのは、２年間社内でプロジェクトリーダーを任されたときのことです。プロジェクトが終わってメンバーが各部署に戻ったあと、それぞれの職場で「仕事がデキるヤツだね」と評価を受けていると聞いたときです。「決断は早く。伝達を忘れるな。ちゃんと自分の考えがいえる人間になれ」といい続けた自分の願いが伝わっていたのかと思います。

「学び」のこだわり

学びの場を選ぶときに、直感を大事にしています。

とくに、「そこにいる人が好きかどうか？」は大きな基準です。秘密基地しかり、宇宙開発ベンチャーしかり、「何をするか？」に加えて「人」は大事な要素です。それによって、体験の質が変わってくると思いますね。

今後もまだまだ取り組みを続けていきますが、「なんらかをお客様に届けたい」というのが自分の願い。まだお客様に届けている手応えがないのです。

もちろん、これまでも製品は世の中に出ていますが、「自分がこれをやった！」といえるものが形になっていない。

それは自動車かもしれないし、自動車を使った生活なのかもしれないし、宇宙船なのかもしれないけれど、その実感がもてるまで、とにかく走り続けたいと思っています。

解説

今回のケースの主人公であるTさんは、大手自動車関連メーカーでエンジンの開発者として勤務する人です。

Tさんは、「『会社の看板』っていうのは、いつか通用しなくなる」という思いをもち、「あなたは何ができるのですか？」という問いに「これができます」と答えられるような仕事人になりたいと願っていました。

Tさんは「何をしているのですか？」という問いに対して「エンジンをつくっています」という答えでは満足しません。

しかし、多くの人々は、それに満足するはずです。むしろ、なかには「何をしているのですか？」という問いに対して「サラリーマンをしています」とか「◎◯会社に勤めています」と答えてしまう人もいるのではないかと推察します。

Tさんの目線の高さがうかがえるエピソードです。

Tさんは、会社にしがみつかないことを決めて、社会人になります。社会人サークルに集ったり、TEDのイベントを企画したり、宇宙開発に取り組む人たちが集う『宇宙ハウス』に通ったりしながら、社会の様々な人々と出会いの機会をもち、今にいたっています。

おそらく、Tさんにとって、複数のコミュニティを行き来しながら、働き、生きていくことは居心地がよいのでしょう。

それぞれのコミュニティで、それぞれの顔をもちながら生きていく人は、若い人にとりわけ増えているような印象があります。

「自分を組織の構成要素」ととらえるのではなく、「自分を構成する要素のひとつに組織がある」という感覚は、主に都市部の若いビジネスパーソンに共感できる感覚となっている印象があります。

社外に出てイベントなどを企画したり、活動するなかでTさんは様々なことを学んでいます。

Tさんの「現実に勝る教科書はない」という言葉は、このことかと思います。

たとえば「集客が足りなければ顧客の母数を増やせ」とか、「顧客のニーズに合ったものを提供せよ」という経営学上の鉄則も、現実の世界では通用しないことがあること。「1円稼ぐこと」や「黒字にすること」は本当に大変であること。

これらは、Tさんが大企業に勤めていては、なかなか把握できないことでした。

またTさんは、リーダーシップやチームワークの機微も、「現実」のなかで学んでおられます。「正論は常に正しいわけではない」「事実は人によってたくさんある」という感覚は、文字に起こしてみれば「ワンセンテンス」ですが、これを経験から学べ

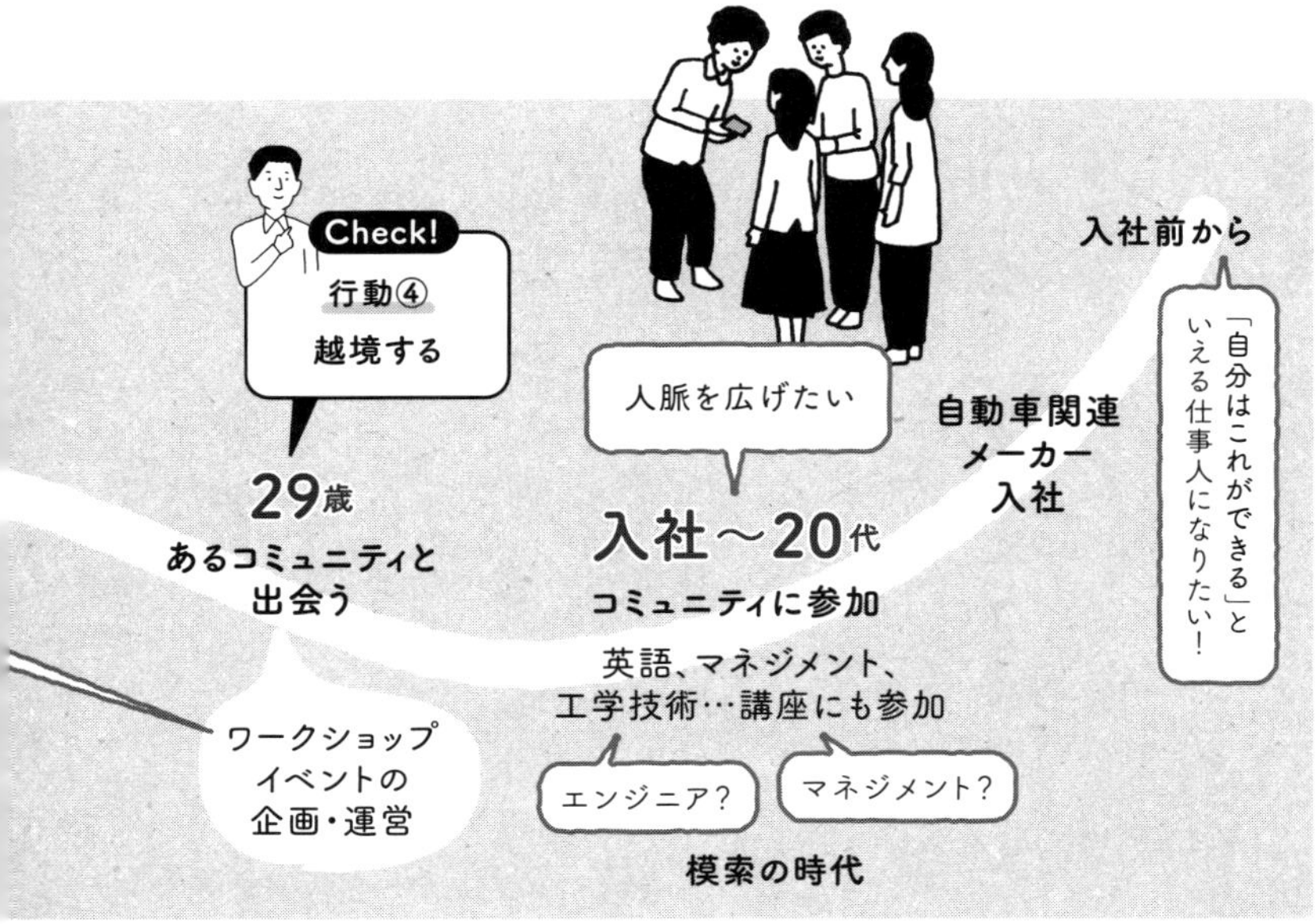

たことは、大きな意味をもつでしょう。

Case 1でも書きましたが、人は、所属する集団や社会の影響を強く受けて、個人の常識を発達させています。

社外に出ることで、Tさんは自分とは違う社会集団にいる人々の「常識」や「ものの見方」に触れ、視野を広げることができました。

僕は時に思うことがあります。

こうした越境による学びこそが、「生きた学び」なのではないか、と。

また、社外に出てリアルなビジネ

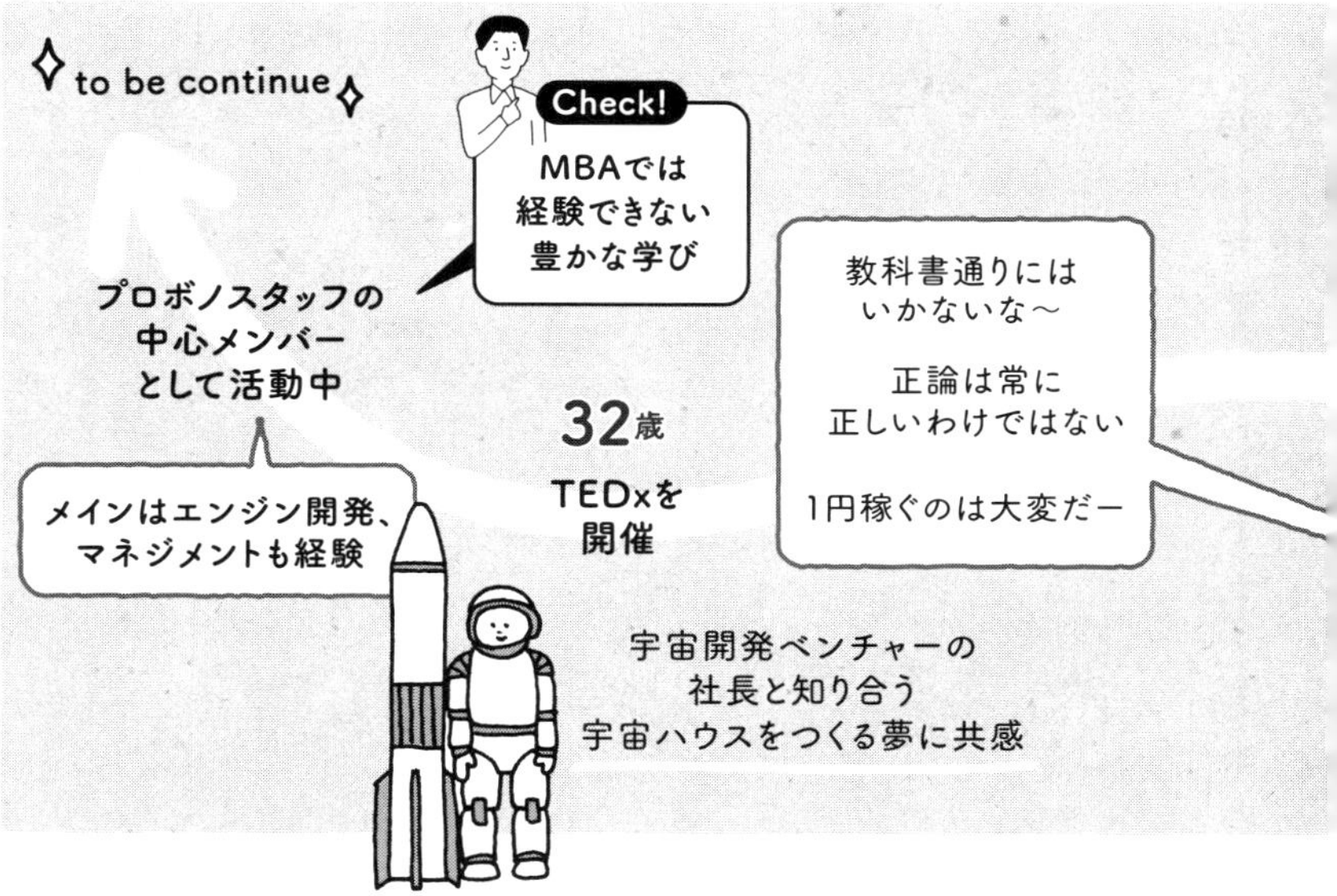

スを起こすことこそが、本当に必要な「ビジネススクール」なのではないか、と。

Tさんは、会社とコミュニティを行き来しながら、MBAでは経験できない豊かな学びを経験なさっているのかもしれません。

Case4

自らの問いや目的に向かって、足りないものをつかみに行く

Nさん（48歳）／地域ビジネスプロデューサー

【プロフィール】

高校卒業後、外資系IT企業に入社。プロセスアナリスト、マーケティングなどを担当し、16年の勤務をへて退職、大学へ入学する。卒業後、リゾート開発・運営会社に入社、広報を担当。7年勤務して退職。その後、スペインをバックパッカーで旅し、700キロのサンチャゴ巡礼を果たした。

帰国後は、佐賀県有田焼のプロデュースにフリーランスで携わり、多くの窯元と一体となって盛り上げる活動をしている。

「学び」の履歴書

小学校高学年くらいから「死ぬまで働きたい」と思っていたのですね。子どもの頃の私には「大学って遊びに行くところ」と見えていたので、高校を卒業したらすぐに働くつもりで、「一生働くならコンピュータを学ぶべきだ」と情報処理の勉強ができる高校を選びました。

就職は、「コンピュータが使えるところ」なのはもちろんですが、「きっと自分は生意気な人間だから、年功序列の会社はダメだ」と、外資系を選びました。世界を股にかける仕事をしたいという気持ちもありましたね。

16年の在職中、まとまった学びをしたのはアメリカへの短期留学です。ちょうど、リフレッシュ休暇や有給がたまっていて、1カ月くらい休めそうなときに、友人や当時の英会話の先生にすすめられるまま大学に語学留学をしたのです。

むこうでは、とっていない授業も自由に聴講できたので、化学とか社会学とか、いろいろな授業に参加しました。語学の授業だけだと生きた英語を学んでいる気がしなくて、専門用語が出てくる多様な授業を受けたかったのです。

1カ月の間に、授業を通して、生活を通して、もちろん遊びを通しても、ものすごく集中的に学ぶことができました。実は外資系にいるのに英語ができなかったのですが、帰国後TOEICが200点ほどアップしていました。


会社を辞めて大学に入ることにしたのは、取り組みたい「問い」が見つかったから。バブルが崩壊して、身のまわりの様相が変わってきたときでした。

進めていたアライアンスの契約を断られたり、本国の社長が変わって方針が変わって、その方針に納得がいかなかったり。深夜残業が続くなか、うつ病の仲間も出てきた。

幸い私は元気でしたが、自分だけのうのうとしていていいのか……？　と悶々とするようになったのです。子どもの頃からなんの疑問もなく「死ぬまで働く！」と豪語してきた私だけれど、「そもそも人はなんのために働くのだろう？」という疑問にぶつかりました。また、「日本人であること」を改めて考え直したい気持ちもわき起こり……。

「日本人の私がなぜ米国資本に労働力を提供しているんだ？」「そう考えると日本人なのに日本のことがそんなに好きじゃなかったかもしれない」「そういう日本人は少なくないかもしれない」「もっと『日本人が誇れる日本をつくること』が大事なのではないか？」……だから、最初は日本のメーカーに転職しようと思ったんですよ。

でも、**たぶん会社を変えても「なんのために働くのか？」という問いにまたぶつかってしまうだろう。だったら今こそ学ぶときじゃないか？　と考え直して、会社を辞めて大学に入る決意をしました。**

18歳にまじって34歳の私が大学1年生になったのです。

経営戦略、マーケティング、社会システムなど、自分の目的に沿ったものなら、必須単位以上のコマ数になっても授業やゼミに参加しました。

就職を意識するようになったのは、大学4年生の夏。周囲はすでに内定をとっていて、行き先がないのは私くらい。当時、NGOでインターンをしていたのですが、ある日、協賛金をいただくお願いをしにNGOスタッフと一緒に企業訪問をしたついでに、その会社の方に「御社に入るにはどうしたらいいですか？」と聞いたのです。日本の大手メーカーでした。

その人は、「日本の企業は、あなたみたいな人は怖くて雇えないのが実情です。真っ白な新卒をとって、自社色に染めたい。日本の企業は遅れていると思います。あなたがやりたいことができるのは、定年間際だと思いますよ」とハッキリとアドバイスしてくださって。

帰り道、同行したＮＧＯスタッフに「本当にあの会社に入りたいなら、社長あてに手紙を書いてみたら？」とアドバイスされたので自宅でペンをとりました。ところが、いざ書こうと思っても書くことがない。それで、日本のメーカーへの入社希望をリセットして「日本のために何かできるところ」を軸に探し直しを始めました。

就職サイトで見つけたのが、後の再就職先となる、まだ大きく発展する前の、リゾート開発・運営会社。地域の伝統や魅力・特色を活かした施設づくりとおもてなしを貫いているところだったのですね。

事前に運営している施設をリサーチに行き、社長の講演会に参加。終了後、社長に声をかけ、リサーチを踏まえた提案を書いた手紙を渡して直談判。このアプローチしか、突破口はないと思ったからです。

大学では、ユニバーサルデザインのＮＰＯでインターンをしていたので「ユニバーサルデザインを取り入れませんか？」と提案したのですが、３日後に「広報に興味があったら入社しませんか？」と連絡があり、入社することにしました。

７年勤務して、会社の方向性と自分のやりたいことが少しずつ乖離してきたことを感じたため退職。

次の仕事を決めないままに退職しましたが、ＳＮＳで公表すると、お声をかけていただいてフリーランスで働くことになりました。

ちょうど、佐賀県有田焼の４００周年記念のプロジェクトがあり、そのブランディングの仕事です。もちろん、焼き物業界はシロウトで、何もわかりません。けれども、前職で日本各地に宿をオープンさせる仕事にも関わっていた際、地元の工芸品などを取り入れていたため職人さんたちと話すことが多かったのですね。

職人さんたちの仕事はおもしろいと思ったのと同時に、市場のニーズに合っていない商品を作っていたり、利益のことに無頓着だったりと、驚くことが多くて。「このままでは日本の伝統文化が滅びてしまう！」という焦りと、それを残すことに貢献したいという使命感があったので、お声のかかった仕事はヴィジョンとピッタリでした。現在は東京と佐賀を行ったり来たりする生活を送っています。

「学び」から得たもの

大学で学んだことは、仕事現場でかなり使えました。 たとえば、再就職活動の際にリゾート開発・運営会社の施設を下見に行きましたが、お客さんのふりをして30人のスタッフに声をかけてインタビューをしたのです。

「大事なお客様をご案内しないといけないのだけれど、その人は車いすで、かつその人には初めてお会いするのです。どうしたらいいか下見に来たのですが……」と声をかけて、どんな反応をするかチェックした。

これ、研究活動で行うフィールドワークと同じなのです。再就職してからも、上司に納得してもらうための説明や資料づくりで、論理的説明力を使ったり、論文を書いたときの経験を活かして矛盾のない説明や、要所に「コトラーがいうには……」「新聞のデータによると……」など事実や数字を必ず加えることを心がけました。

また、**先達の行ったことに疑問や仮説を立てて検証する習慣がついたのも、大学での学びのおかげでした。**

他人がいっていることをつなぎあわせて組み立てるだけでは何も生んでいません。今までなかったものを生み出さなければ意味がないのだというスタンスは、大学4年間で身についた財産だといえます。


有田焼のプロジェクトでも、まったく知らない環境に入るにはフィールドワーク＝現場に入ることからだ、と、1週間、窯元に掃除で入らせてもらって直接見て、聞いて、体験して……を大事にしました。

ただヒアリングするだけだと、その人の価値観で話すから情報にバイアスがかかりますよね。**大学の研究過程で、「フィールドワークのなかに、公になっていない真実がある。現場から問題発見せよ」ということを徹底的に叩き込まれた**ので、ブランディングというオシャレなイメージとは裏腹な泥くさい仕事の仕方をしています（笑）。

「学び」のこだわり

やりたいときが学ぶとき、困ったときが学ぶとき、だと思います。必要なものが具体的にわかっているから頭に入りやすいですよね。

会社員時代の留学や大学での学びについてはお話ししたとおりですが、サンチャゴ巡礼の前にも、3週間のスペイン語集中コースに行っているのです。

バックパッカーで行く予定だったので、命を守るためには話せないと困りますよね。「目的はサバイバルのためのスペイン語だ！」と、現在形だけ学べばいいと3週間集中しました。大学での学び方も同じです。必要なものがわかっているから、まっしぐらに学べるのです。

これから学びたいこと

また、新たな問いが生まれたのです。「みんなで幸せになるには、どうしたらいいのだろう?」って。

私はこれまで、自分がやりたいことをずっとやってきました。それをすると、もちろん喜んでいただけるのですが、一方で不幸になる人がいるような気がしていて。

ブランディングの仕事は、仕事のやり方やプロダクトの改善にまで手を入れるので、たとえば「生活を変えるのは嫌なのに」とか「人にアレコレいわれるのは不快だ」とかいう方がいるのではないか。もしかすると、私の行動はこの人たちを不幸にしているのではないか、と思うことがあるのです。

「変革にはつきもの。しょうがないことだ」といってしまえばそれまでですが、関わった人たちには幸せになってほしいし、みんなで幸せになりたい。

何か方法があるのではないか……というのが、今のもっぱらの探求テーマで、私にとっての問いです。

解説

Nさんは、小学校高学年から「死ぬまで働きたい」と思っていたという、かなり希有な感覚をおもちの人です。教育機関を出る直前になるまで「働くこと」を意識できない若者が多いなか、幼い頃から働くことに向き合っておられる様子が印象的でした。

Nさんは、高校卒業後、外資系IT企業で16年の勤務をへて大学に入学。経営学、マーケティングなど、様々な知識を学ばれたようです。しかし「18歳にまじった34歳」のNさんを、伝統的な日本企業はどのような処遇をしてよいかわからなかった、といいます。伝統的な日本企業は、新卒採用を重視し、「真っ白い人」を組織の色に染める組織社会化のテクニックには長けているものの、Nさんのように、すでに様々な経験をもった人々をいかに処遇し、扱ってよいのか途方にくれる組織が多いのです。

「日本の企業は、あなたみたいな人は怖くて雇えないのが実情です。真っ白な新卒をとって、自社色に染めたい。日本の企業は遅れていると思います」という直截な言葉は、日本企業で聞かれそうなセンテンスのように感じました。

その後、Nさんは紆余曲折をへて、リゾート開発・運営会社に転職を果たし、そこに7年間勤めたのち、現在は地域開発のプロデューサーとして伝統工芸を支える領域でご活躍の模様です。

Nさんのお話のなかで、**個人的に最も興味深かったのは、「大学で学んだことは、仕事現場でかなり使えました」という言葉です。**

Nさんは、大学で学んだ様々な方法論を、仕事の現場で適用したといいます。「研究活動で行うフィールドワークと同じ」という言葉からも、そのことが類推されます。

人文社会科学系の学問分野で大学教員を長く勤めて、いつも思うことのひとつに、**「仕事の現場で必要になるスキル」と「大学で学ぶ研究方法論」の間には、本質的にはあまり差がない**のにな、という感覚があります。

もちろん表面的には、まったく行っていることは違います。しかし、深層を探ってみれば、それは**両者ともに「知的生産の技術」であることには差はありません。**

しかし、一般的には、こうした考え方は支持されません。大学で学ばれることは「座学」であり、現場で用いられるスキルとは明確な差があるとされます。多くの人々は、教育機関で学ばれることは、あまり役立たないものと思っている人もいます。

しかし、個人的には、この考え方はまったく事実ではないと思います。インタビューやヒアリングを行ったりするときにはフィールドワークの知識が役立ちますし、Nさんがいうように、上司に納得してもらうための説明や資料づくりではロジカルシンキングが用いられます。数量で人を説得するときには、大学で学ぶ定量的な分析手法が役に立つでしょう。

問題は、**仕事の現場で必要になるスキルと、大学で学ぶ研究方法論の間に「関係がない」という思い込みと、かつ、それをどのように適用してよいかイメージがついていないということ**なのかな、と思います。

大学に限らず公式の授業で学んだことを、いかに仕事の現場で活かすか、そこに貪欲さを発揮すれば、より芯を食った課題解決ができるのではないか、と思います。

この世には、2種類の人種がいるように思います。

教育機関で学んだことを「役立てよう」とする人と「はなから、役立たない」と決めつける人。あなたはどちらの人ですか?

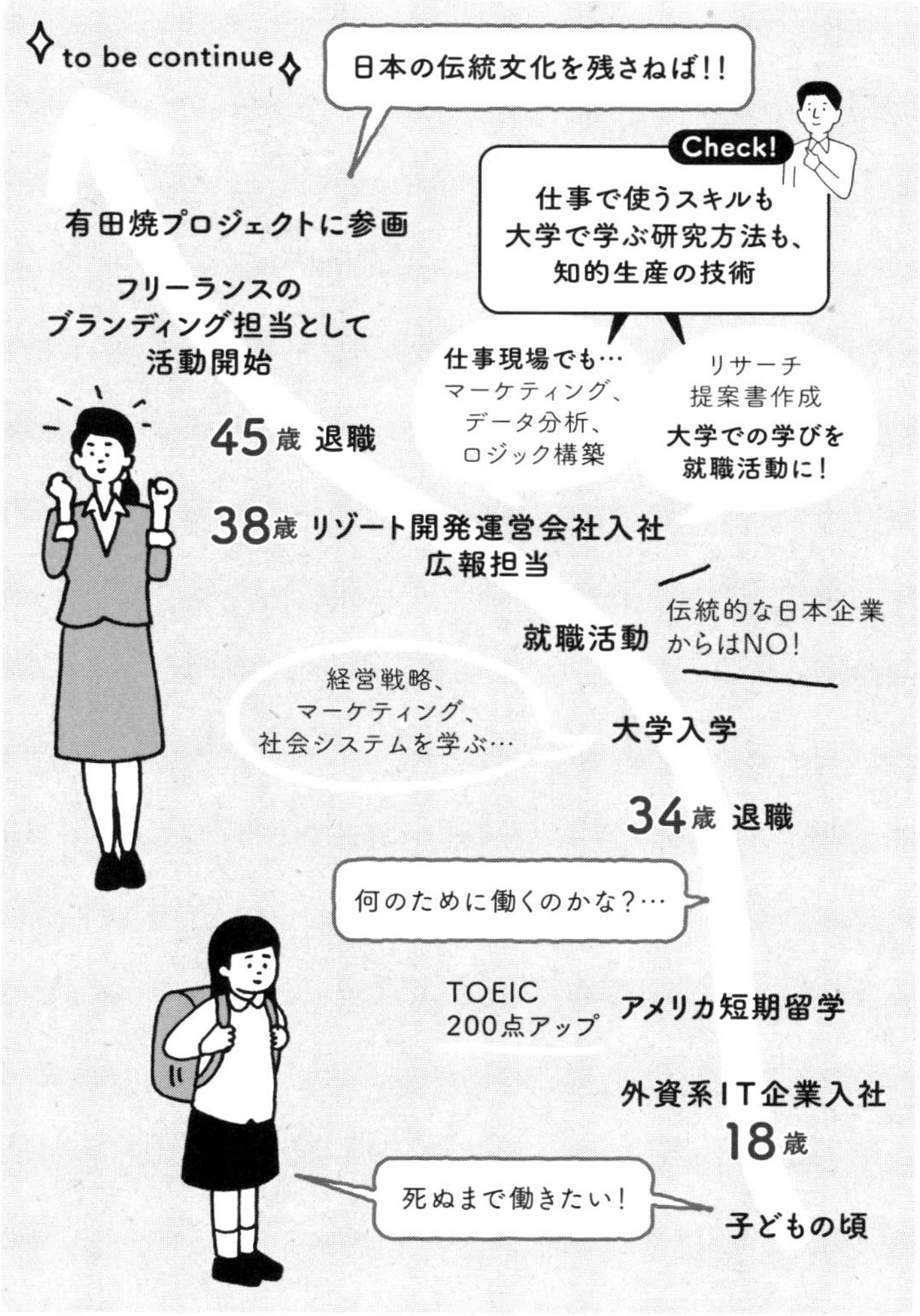

to be continue
日本の伝統文化を残さねば!!
Check!
仕事で使うスキルも
大学で学ぶ研究方法も、
知的生産の技術
有田焼プロジェクトに参画
フリーランスの
ブランディング担当として
活動開始
仕事現場でも…
マーケティング、
データ分析、
ロジック構築
リサーチ
提案書作成
大学での学びを
就職活動に!
45歳 退職
38歳 リゾート開発運営会社入社
広報担当
就職活動
伝統的な日本企業
からはNO!
経営戦略、
マーケティング、
社会システムを学ぶ…
大学入学
34歳 退職
何のために働くのかな?…
TOEIC
200点アップ
アメリカ短期留学
外資系IT企業入社
18歳
死ぬまで働きたい!
子どもの頃

Case5

「仕事が辛い」を「楽しい」に変えたい一心で

Yさん（49歳）／製造業・広報

【プロフィール】

高校卒業後、製造業に一般職で入社。27歳で総合職に転換するも、あまりの実力の差に日々苦労する。

自分に力をつけるため、資格試験を受けたり、セミナーへ出かけたり、短期留学をしたりと模索を続けるなか、通信制の短期大学へ入学。スクーリングで出会った先輩に刺激を受け、大学院へ編入、MBAを取得する。

現在は2度の異動をへて、広報課長を担当。課長職約300人のうち女性は数人という男性社会のなか、女性管理職のひとりとして奮闘する毎日を送る。

「学び」の履歴書

男女雇用機会均等法が施行された直後、１９８７年の入社です。とはいえ、製造業はまさに男性社会。女性の総合職はゼロで、女性の仕事は一般事務や男性のアシスタント、お茶出しをしたり、ということが主だった頃です。

社会情勢に合わせて、１９８９年には初の総合職女性が入社し、わたしたち一般職も希望を出し、試験に合格すれば総合職に転換できる道もできました。

幸い上司に恵まれて、入社当初から「これからは女性も男性と同じように働く時代だから」と、私が動機づくような関わりをしてくれました。月に30～40冊の本を読む人だった上司は、いろいろな本を「読んでみなさい」とすすめてくれました。「人生について」「自己啓発」「学ぶ大切さ」「仕事をもって楽しく働く女性」といったテーマの本が多かったですね。

仕事には厳しく、一般職でも関係なく課題を与えてくれていました。それがやりがいを生み出してくれたと思っています。調達の部門にいて、バイヤーさんの打ち合わせに同席する機会も与えていただき、だんだん「私にもできそうだ」「やってみたい」「収益に直結する仕事をしてみたい」「仕事で認められたい」と思うようになり、総合職転換の試験を受けました。27歳のときです。

ハッキリいって、甘かったですね。実際にバイヤーになってみたら、「担当です」と出ていくと、先方の声にならない（えーっ、女性？）の声が表情から伝わるのです。しかも、性別のハンデだけでなく、まさに仕事が思うように進まなかった。実力不足です。苦しくて辛くて、もっと仕事がスムーズにできるようになるヒントに飢えていました。

「こんなんじゃ戦えない！」と泣きたくなるような日々……。休日には自己啓発セミナーに出かけたり、ビジネス能力検定を受けてみたり、地区の公民館で開催される「ワーキングウーマンの仕事術」のような講座にも出たり。効率よくモティベーションを上げて働くヒントが得られるなら、なんでもよかったのです。

記憶術の講座も行きましたし、英会話のために春休みに1週間、ニュージーランドへホームステイにも行きました。そうそう、話し方講座にも行きました。プレゼンテーションや賀詞交歓会など行事も多く、人前で話すことが頻繁だったので、司会者養成講座に通ったのです。

繰り返しますが、本当に仕事が辛くて。かなり追い詰められて、ストレスで倒れて2回も入院しているのです。とにかく、仕事を楽に、楽しくしたいと必死の思いで進学を選択しました。

まずは通信制の短大のビジネスコースに入ってから、OBの影響もあり、大学院へ編入。MBAをとりました。

経営や経済、マーケティング、戦略など、ケーススタディを使いながら問題意識をもって掘り下げていく学びは、知的好奇心が満たされるエキサイティングなものでした。

大学に行くようになってから、少しずつ自分の言動と行動が変わり、日々の辛さを乗り越える力がついた実感もわいてきましたね。まわりの人があまりにも能力が高く、辛かったし悔しかった日々に、やっと手応えが得られたのです。

その後、営業に異動した後、総務広報への異動を機に課長職に昇格。広報課長になりました。相変わらずまだまだ男性社会で、課長職約300人中、女性課長職は数人ですが、次に続く人たちが活躍できるよう、私のお役目を全うしたいと思っています。


ちなみに、大学以外の学びとしては、産学連携の自主勉強会のコミュニティを主催しています。大学院で出会った先生や、グループ会社で同じ部門や職種など、ご縁のある方々が集まって、年に3〜4回くらい勉強会プラス懇親会をしています。

毎回テーマを決めて、時には自分の仕事や得意分野に関することや、各界のプロを招いて発表をいただいたり、その先生方が主催するシンポジウムにメンバーが講演者やパネリストで登場したりと、わりと真面目にやっている集まりです。

もともとは、グループ間の交流がしたくて「飲み会をやりましょう！」というノリだったのですが、せっかく集まるなら何か得られるものを……ということになり、このスタイルになって、今では10年以上続いています。

「学び」から得たもの

どんなものからも得られたものはあったと思っていますが、印象に残っているのは、たとえばニュージーランドのホームステイ。みなさんポジティブで、挨拶にプラスして前向きな声かけを欠かさない。笑ったり、前向きな言葉かけは楽しく元気になるのだな、とわかったのでその後、取り入れるようにしています。

司会者養成は意外にもハマりまして（笑）。結婚式の司会も5件くらい依頼されました。学びの仲間がたくさんできたのも財産です。**学び仲間からの情報で次のアクションを決められることも多かったし、クヨクヨ悩んでいたことがバカらしく感じるアドバイスをもらったりと、助けられることが多かったですね。**

もうひとつ大きかったのは、仕事のスタンスが変わったこと。総合職転換をした当初、「こんなんじゃ戦えない！」と思ったように、私にとって仕事は「戦い」だったのですね。

年を重ねたことも影響しているとは思いますが、いろいろな学びや多くのすばらしい方々との出会いを通じて、「仕事は相手にいかに貢献するか」「相手に必要とされて初めて存在意義がある」ということを痛感できました。

戦って勝つのではなく、相手に勝たせたほうがうまくいく。これらは、大学院の経営戦略の学びなどのなかで得たことです。

学び続けてきて、今、思うことは、ちょっとしたコツや知識を得るだけで、楽しく人生を送ることができるのだ、ということ。

学べば学ぶほどヒントが得られて、人間ができてくる。選択肢も増える。たぶん、「狭さ」が私を苦しめていたのです。

人間関係がうまくいかないのも、仕事がうまくいかないのも、ストレスで病気になったのも。**自分の狭さを克服して広げていったら、「苦しい」が「楽しい」に変わっていきました。**

うまくいかなかった「学び」

正直、思いつきませんね。負けず嫌いなのでしょうね……。

実は、途中で投げ出すのが嫌なのです。ビジネス能力検定1級は2回落ちて、３回目で合格したし、ＴＯＥＩＣもなかなか昇格基準の目標点を超えられなくて2回も挫折しています。絶対に超える！　と決めてなんとかクリアしました。

あ、思い出しました。パン教室は1回行っただけで行かなくなってしまいましたね……仕事に直結するものしか、続かないようです。

生活にハリが出るもの、私にとってそれは、自分の壁を超える学びかもしれません。

解説

現在、49歳になる女性管理職のYさんが、高校を卒業して社会に出て働き始めたのは、男女雇用機会均等法が施行された直後、１９８７年のことです。

当時の日本企業は、男性は総合職、女性が一般職という雰囲気が色濃く残る時代。

そのような時代にあった女性の多くは、一般職で入社し、結婚・出産とともに退社を余儀なくされた時代でしたが、幸い、Yさんは上司に恵まれます。

先見の明のある上司は、「女性もキャリアを伸ばす時代」とYさんを叱咤激励し、その後のキャリアを導いてくれました。このように**キャリアや能力をひきあげてくれる上司の働きかけのことを「スポンサー機能」といいます。このスポンサー機能は、一般に、男性に比べ、女性が機会に恵まれないことがよく知られています。**

Yさんは、当時の上司と非常に幸せな出会いをなさったように思います。いろいろな本をすすめてくれたそうで、世界を広げるための読書は、やはりここでも重要です。また、一般職でありながらも、様々なタフな仕事に挑戦することを求められました。行動①で述べたように「タフアサインメント」は、当人の能力を伸ばす最もパワフルな手段です。

その後、27歳で総合職に転換。しかし、そこからの仕事は大変なものでした。自分の能力不足を痛感し、通信制の短期大学へ入学。その後は大学院へ編入し、MBAを取得します。かくして数十年の時をへて、Yさんは女性管理職のひとりとして奮闘する毎日を送ることになりました。

現在Yさんは、年に3回から4回くらい、自主勉強会のコミュニティを主催しているといいます。そのときどきの話題性のあるテーマを取り上げ、その道のプロに講演をしていただいたりする勉強会です。

行動⑥で僕は「場をつくること」の重要性を述べました。人が集まり、コミュニケーションが生まれる「場」ができれば、そこには様々な情報も生まれます。教育機関を出て長い時間がたっているYさんから見れば、そのように「自らつくる場」こそが、貴重な学びの機会なのかもしれません。

個人的に興味深かったのは、Yさんの「仕事観」に対するイメージの転換です。当初、総合職になったばかりのYさんは、「仕事は戦いである」という仕事観のもと、仕事をしていました。しかし、それではどうしてもうまくいかなかった。

彼女は、その後、様々な教育機関、自主勉強会の勉強を通じて「仕事は相手にいかに貢献するかどうかだ」「相手に必要とされて初めて存在意義がある」ということを

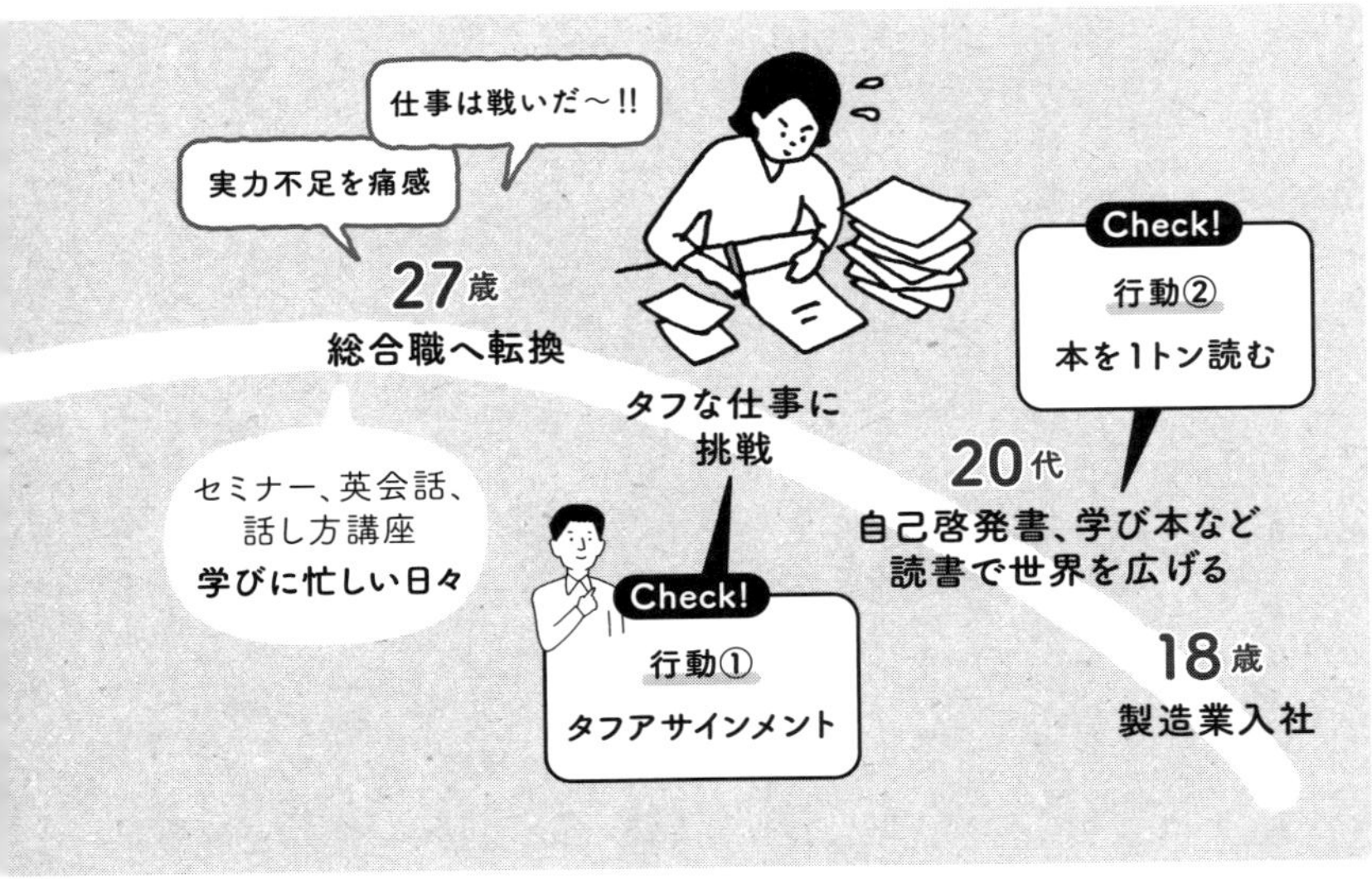

痛感することになります。

「戦って勝つのではなく、相手に勝たせたほうがうまくいく」というYさんの持論は、Yさんが苦労して「学び」の果てに手に入れた、Yさんの仕事の持論のようにも思えます。

一般に教育機関は「知識を蓄えるところ」「知識を蓄積するところ」と思われています。しかし、教育機関で得られるものは、そうした「蓄積系の学び」だけではありません。

むしろ、**自分が囚われている「ド**

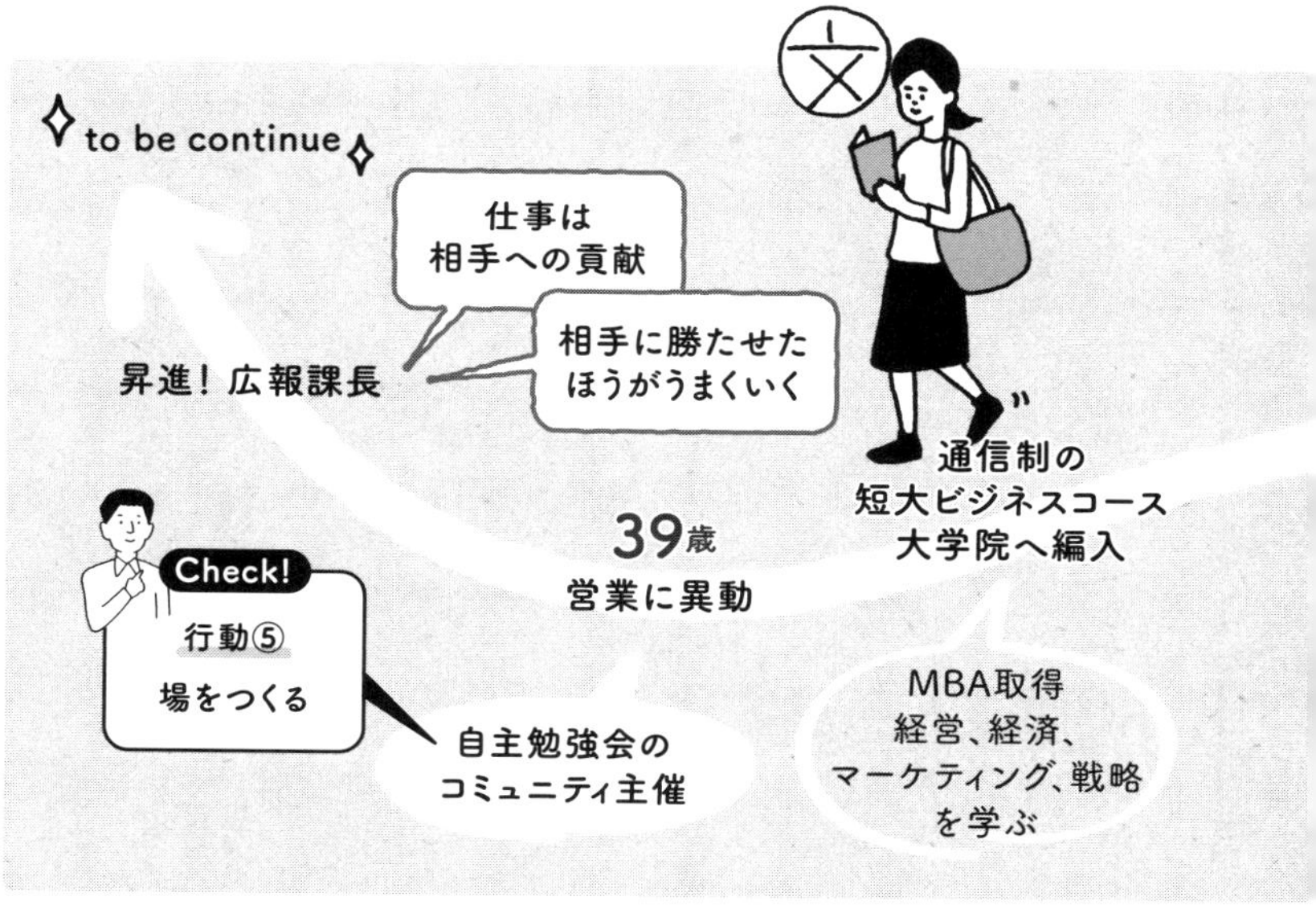

クサ（教条：囚われ）」に気づかせてくれるのが、学問の本質である、と僕は思います。

本書で、本当の教養（Liberal arts）とは「自分をリベレートすること（知的な囚われから自分を解除し、自由になること）」にある、と書きました。

大人の学びは、かくのごとく、自分の思い込みを解除する機会でありたいものです。

Case6

現実を変え世界を広げたいなら、自分が動くしかない

Hさん（44歳）／財務コンサルタント

【プロフィール】

大学卒業後、銀行に入行。先が見えてしまったような気持ちになり、26歳で退職。小売業に転職を決めてから、オーストラリアへ短期留学とバイクで大陸横断の旅に出かける。帰国後、入社し、経理部門へ。国内経理、海外拠点の統括マネジメントなどを経験したのち、30歳で経理部長、35歳で財務担当役員（常務）に。

社内で着実にキャリアを重ねるも、「自分は狭い世界にいるだけなのではないか」という疑問がぬぐえず、週休1日と時間のないなかで、経営大学院に単科生として通学。その後、本科生となりMBAを取得。

経営者である大学院の同級生たちから、決算書を見てほしいなどの相談を受けるうちに、顧問契約などを得られるようになり独立。当初は個人事業主だったが、現在は法人に拡大して活動している。

「学び」の履歴書

大学の部活の先輩に誘われて銀行に入行しましたが、3年もたたないうちに空しく感じるようになりました。「支店は銀行の縮図」だと思うのですが、誰ひとり楽しそうに働いている人はいませんでした。笑顔を見たことがないし、常に社内を向いて仕事をしている様子でした。ひとつのゴールとされる支店長のポジションにも、まったくワクワクしなかったのです。

数字のために必要のないところに無理矢理、融資をお願いしたりということもありましたし、これをずっと続けるのか……と思うと、うんざりしてしまいました。

銀行で大企業の辛さがわかったので、「若いうちから活躍できそうな大きすぎない企業で、かといってちゃんと活躍のステージがある小さすぎない企業」という判断基準で転職先を決めました。

当時1800人くらいの年商6000億円規模のバイク小売業でした。大学時代からバイクが好きで、卒業旅行はオーストラリアバイク横断だったくらいなのです。

転職先には「留学して英語力をつけてから入社したい」と、8カ月の猶予をもらい、オーストラリアで語学留学を4カ月、バイクで4カ月、放浪旅をしてリフレッシュしました。そう、休みたかったのです（笑）。

とはいえ、海外派遣要員として入社する予定だったので、英語力がついたのはよかったことでした。

27歳で転職先に入社し、程なくして役職がついてからは、週休1日の会社だったため、ほぼ仕事しかしていない日々です。海外派遣要員として採用されたうえ、英語と経理のわかる人間が社内にいなかったので重宝されました。

シドニーオリンピックのときにオーストラリアへ赴任していたので、金メダルをとった田村亮子選手を目の前で見ることができたのはよい思い出です。

仕事では経理部門の責任者になっていき、経理・財務の経験を積みました。仕事に必要な学びとして、簿記資格や宅地建物取引主任者を取得したり、ＴＯＥＩＣなどにチャレンジしていました。週1日の休みで時間がなかったのと、お金もあまりかけたくなかったので、すべて独学です。30〜35歳くらいまではそんな日々でした。

36歳が大きな転機です。

離婚して自分だけに時間を使えるようになったのと、仕事上の限界を感じたのが重なりました。というのも、当時は常務になっていて、社内のキャリアアップは順調……のように見えましたが、その上は社長なので、もうこの先はないのです。

週1日の休みでは、郊外にある会社勤めで独身だと掃除洗濯をして終わってしまいますよね。SNSもなかったし、とにかく遮断された生活にうんざりしていたのです。役職がある分、社内には友人と呼べる存在もつくれない。狭い世界にいる自分が息苦しくなりました。

そんななか、あるワークショップに参加した際、講師が「日本人は英語ができなさすぎる！　今すぐ行動を！」と強く激励してくれたのに触発され、前から気になっていた「英語でMBAの授業を受けられる」という大学院のクラスを東京まで3カ月通うコースに申し込みました。

結果は……コテンパンでしたね。まったく発言ができず、恥をかいて、成績はCでなんとか単位はとれたもののひどい有様でした。

しかし、**僕にとって成長とは、「自分の世界を広げること・できなかったことができるようになること・知らなかったことを知ること」だった**ので、この学びは刺激的でした。週1日の休みを投資してもおしくないほどの喜びがあり、腰を据えて学びたいと日本語で学べるMBAの単科生から始めて本科生になり、MBAを取得しました。

在学中に学生仲間の縁で仕事をもらうようになり、会社を退職。今は、財務コンサルタントとして中小企業の経営者の参謀役をしています。実務経験と学んだ知識を合わせて経営者の判断をサポートする仕事には、とてもやりがいを感じている毎日です。

自分に大金を投資して学ぶことは、当初こわごわやっていたけれど、今では躊躇なく未来の自分のために時間とお金を投資できます。昨年は、IT先進国のエストニアへビジネス視察旅行に出かけました。今年はAI（人工知能）やファミリービジネスについて講座に通って学んでいます。

そんな活動のなかで出会った人たちとコラボレーションしてセミナーをしたり、WEB会議システムを使って全国各地の仲間と勉強会をしたりして、今も研鑽を積んでいます。

「学び」から得たもの

銀行を辞めたあとのオーストラリア放浪旅では、独り言や寝言も英語になるほどの英語力と、「自分一人で生きているのではない」という感謝の思いが育ちました。

一人旅だと、なんでも一人でやっているような錯覚に陥るけれど、バイクも、食べ物も、何ひとつ自分だけで生み出したものなどなくて、**他者がいないと自分は成り立たないのだということを体感できた旅でした。**

MBAを通じては、仲間・知識・一歩踏み出す気持ちの3つが得られました。以前の僕は、肩書きもあってか腹をわって話せる仲間がいなかった。けれども大学院ではフランクかつ対等に話せてリスペクトできる仲間がたくさんできた。

勤務先や背景も様々なので、困ったときに相談できるネットワークとして今も助かっています。仕事の縁をいただくことも少なくありません。

「一歩踏み出す気持ちとは、仲間のがんばっている姿に触発される」という意味です。

まわりもみんなあらゆるチャレンジをしていて、その姿を見ると「こうすればここまでいけるのだ」「こんなやり方があるのだ」と学びになるし、チャレンジが身近になります。

海外視察旅行や毎週東京へ学びに行くこと、独立など会社員時代に自分だけでは考えられなかったことも、ハードルはかなり下がりましたね。

会社員時代、自分の世界の狭さにうんざりしていましたが、そんな毎日にある日突然チャンスが降ってくる……なんていうことはないのだな、とあらためて思います。

世界を広げるには自分が動くしかない。ということは、動けば世界は広がっていく。その先で自分の思わぬ展開が、それこそ「降ってくる」ということは起こるのです。

うまくいかなかった「学び」

独立後、「技術を身につければ高い売上が得られるよ」という誘い文句に乗って始めた某トレーニングは、続きませんでした。

頭では「今の仕事と親和性もあるのでやったほうがいい」「やり終えたら仕事がたくさんとれるかも」などと考えていたけれど、心は正直ですね。

気持ちが乗らず、やりきることができませんでした。

「やりたい」ではなく、「やったほうがいい」と自分に言い聞かせてやる学びは身につかないなと思った出来事です。

解説

Hさんは、大学卒業後、銀行に入行。支店での働き方、先行きの乏しさに行き詰まり、バイクの小売業に転職します。そこでは、英語と経理という「かけ算」のスキルを活用し、35歳で財務担当役員（常務）になりました。しかし、ここに行き詰まりが生まれることになります。

僕は、仕事柄、執行役員、役員クラスの方々ともお話しする機会があります。彼らが、ひそかに口にすることのなかに、「これ以上、昇進するポジションがないこと」への不安があります。執行役員になられた人のなかには、「昇進するたびに、不安が指数関数的に上がる」とおっしゃる人もいらっしゃいました。Hさんの場合も、そうでした。

常務にすでに昇進していたHさんには、その上のポジションは社長しかなく、社長が健在でいる以上、これ以上のポジションアップは見込めないのです。**キャリアの行き詰まりは、決して、職位そのものから生まれるわけではありません。どんなに偉くても、「その先が見えないこと」以上に辛いものはない**のです。

常務として馬車馬のように働くなか、行き詰まりを感じて経営大学院に入学し、MBAを取得。大学院は知識だけでなく、Hさんに人脈を授けました。

大学院では、志の高い仲間と本気で取り組む経験を得ることができます。「以前の僕は、肩書きもあってか腹をわって話せる仲間がいなかった」というHさんの言葉は示唆に富みます。

人が学べるとき、変化するときとは、原理原則③「つながりの原理」で見たように、心を許せる「他者とのつながり」のなかにいたときなのです。それを大学院で得られたことは、Hさんにとって非常によい結果をもたらしました。

教育機関は、このように教育内容のみならず、そこに集う人々の関係、社会関係資本(Social capital)を、受講生にもたらすことがあります。

大学院での「つながり」は仕事の縁にもなっているようです。かつて、グラノベッターという社会学者は、**キャリアの転機は、「弱い紐帯（弱い人同士のつながり）」からもたらされる**という研究知見を提出しました。

自分の家族や親戚、友人といった「強い紐帯」よりも、ちょっとした知り合いといった「弱い紐帯」のほうがキャリアの転機にあたってはよい情報をもたらしてくれるということです。ここでも、その研究知見が裏打ちされているようです。

Hさんが、財務コンサルタントとして独立できているのは、大学院で得ることのできた「弱い紐帯」のおかげです。Hさんは、経営者である大学院の同級生たちから、決算書を見てほしいなどの相談を受けるうちに顧問契約などを得られるようになり、財務コンサルタントとして独立して現在にいたります。

Hさんの事例で非常に印象的なのは、「この技術を身につければ、高い売上が得られるよという誘い文句に乗って始めた某トレーニングは続かなかった」という言葉です。

多くの人々は、大人の学びというと、すぐに資格取得、スキル習得に偏りがちですが、実際、それらは奏功しないことのほうが多いものです。

資格とは、資格をもつ人ともたない人の「能力の格差」を証明する「記号」のようなものです。この記号を目印にして、人は、資格をもつ人に仕事を依頼します。

しかし、誰でも取得できる資格は、なかなか仕事につながらず、その後につながるキャリアを開くことができません。最大の理由は、その資格が「大衆化」していることにあります。**取得が容易な大衆化した資格は、他者との能力の違いを証明しません。**なぜなら、そのような資格は「誰でも取得できるから」です。

そういう意味でいうと、**大学院の学びは効率的です。様々な知識を手に入れ、かつ、そうした知識を活用できる場が、人脈によって与えられることもあるからです。**ただし、すべての大学院が、そのような人脈を得られる大学院ではありません。大学院のなかには、行ってみると志の低い人ばかりであった、というところも少なくないからです。

Hさんは、大学院の本科に入る前に通学生のコースを受けていますが、そうした事前の下見が必要であるように思います。大学院は事前準備がとても大切です。

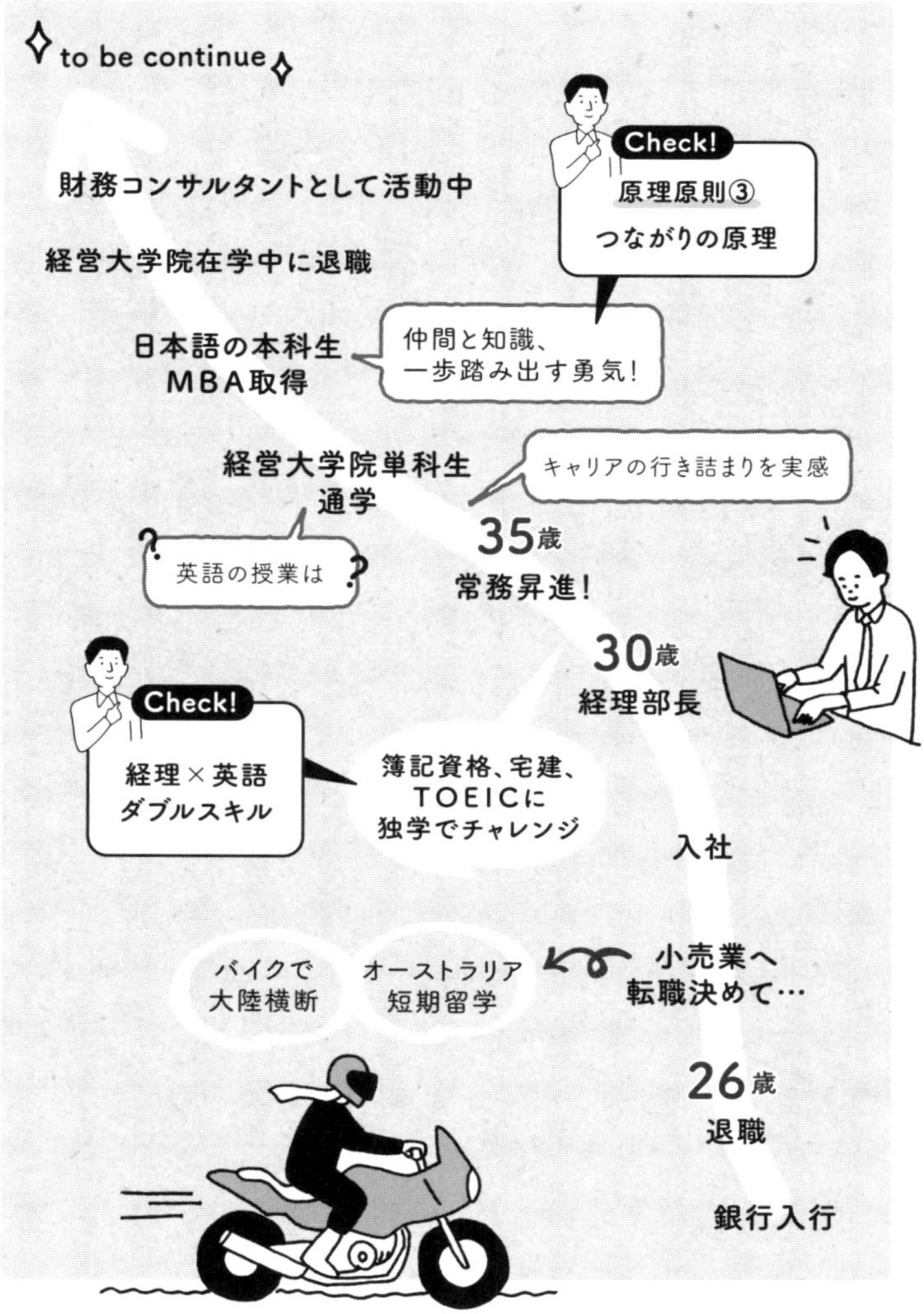
to be continue
財務コンサルタントとして活動中
経営大学院在学中に退職
Check!
原理原則③
つながりの原理
日本語の本科生
MBA取得
仲間と知識、
一歩踏み出す勇気!
経営大学院単科生
通学
キャリアの行き詰まりを実感
英語の授業は
35歳
常務昇進!
30歳
経理部長
Check!
経理×英語
ダブルスキル
簿記資格、宅建、
TOEICに
独学でチャレンジ
入社
バイクで
大陸横断
オーストラリア
短期留学
小売業へ
転職決めて…
26歳
退職
銀行入行

Case7

「目の前の『困っている人』に役立つスキル」を追い続ける

Kさん（44歳）／研修講師・キャリアコンサルタント・ライター

【プロフィール】

フリーランスになって15年目。キャリアコンサルタント・コーチ・レジリエンストレーナーなどの資格を持ち、企業でのキャリアデザイン研修、次世代リーダー向け研修、メンタルマネジメント研修、マインドフルネス研修などを行う。このほか、個人向けに瞑想トレーニング、キャリアコンサルティングセッション、リトリート（宿泊型セミナー）なども実施。

人材育成関連を専門に、ライターとしても活動している。

「学び」の履歴書

社会に出てから本格的に学びはじめたのは、30代に入ってからです。20代の頃は、フラメンコやお料理など、趣味に関するお稽古事をときどきやる程度で、日々の仕事と遊びに精一杯でした。かっこつけてビジネス書を買ってみたりもしましたが、あまり記憶に残っているものはありません。

29歳で独立し、最初はフリーランスの編集者・ライターとして仕事をしました。主に、人材採用の専門雑誌やお稽古ごとやスクールなどの学びに関する雑誌を中心に関わっていましたが、かなり忙しい毎日を送っていましたので、このときも「自分自身の学び」に時間を割くことはありませんでした。

とはいえ、取材を通してたくさんの学びの現場に行き、話を聞くため、多様なジャンルの学びの知識はたくさん蓄えられました。自分で実践はしないけれども、自分の好き嫌いで制限することなく、幅広い分野のことを知識としてたくさん知ったのは、仕事（取材）を通してです。

また、人の人生についてインタビューをすることも多かったため、多様な方々の生き方、生きる価値観などを学べたのも仕事を通じての収穫でしたね。

大きな転機は33歳の頃。取材を通して知り合った経営コンサルタントの方に、「今回の取材のテーマで、一冊書籍を一緒に書きませんか」と誘っていただいたのです。そのとき、「せっかく、あなたの名前も載る本を出すのだから、プロフィールが『編集者・ライター』ではさみしい。アドバイスだけれども、会社を興すか、何か資格をとるか、されたらどうですか?」と言っていただきました。

会社をつくる気はなかったのですが、いつか「キャリアコンサルタント」の資格は取ろうと思っていたので、それをきっかけに取得することに。書籍の出版にあわせて、最短の試験スケジュール、一発合格のみしか許されないという環境の中、無事に資格をとりました。

資格取得をきっかけに、キャリアに関する講演や研修の仕事をいただくようになりました。自分の学びに加速がついたのは、そこからですね。

というのも、育成の場面でお会いする方々のお悩みを聞いたり、困っている姿を見たりすることが増え、何とかする方法はないのかと考えるようになったからです。

キャリアコンサルタントになった翌年には、「クライアントがもっと前進するために勢いをつけられるような手法はないか」とコーチングの勉強を始めました。

続いて、キャリアに悩む人たちが、頭ばかりで考えていて行き詰まっている様子がみえたため、打破する方法を模索。

「私たち人間は、あたまだけでなく、こころもからだもあるのに、なぜあたまだけしか使わないのだろう。こころもからだもすべて使ったら、もっと可能性が広がるのではないか?」という仮説が自分の中にわいたので、それを検証できるような学びを探し、「ボディワーク（からだを通した自己理解）」というジャンルに出会いました。

10年前に師匠とあおぐ方に出会うことができ、現在までその学びはずっと続けています。現在ブームで私もトレーナーをしている「マインドフルネス」もそのひとつです。

その後も、日々の仕事の中からわいてきた疑問や仮説を検証するための学びをたくさん積み重ねながら、今にいたっています。

ボディワークを取り入れながら、キャリア理論（あたま）だけではなく、「こころ」と「からだ」にフォーカスするアプローチも取り入れながら仕事をしていると、その分野に関する情報が学び仲間や仕事仲間、関心が近い人たちを通じてたくさん入ってくるようになりました。

「あたま・こころ・からだ」を統合して考える、という態度は東洋思想に似ている、ということで、漢方の講座に通ったり、老荘思想の本を読んだり……。イギリスにあるシューマッハカレッジというところから先生を招いたワークショップでは、「ホリスティック・サイエンス」という、統合的な視点で観る科学を学びました。

漢方薬、科学など、一見キャリアコンサルティングとは遠い領域に感じるような学びですが、実は根底に流れるものは同じだったり、応用できる智恵を見つけたりするのが喜びです。最近は、組織と人のことを考えるのに活かせそうだと、「細菌図鑑」を読んだりしています。

学びがまた新しい学びを連れてきて、まったく別ジャンルに見えるものでも試してみながら探求していくと、「真理というのは、ジャンルが違うものでも同じなんだなあ」と感じます。

余談ですが、やはり7年前くらいから茶道を習い始めました。動機は、「グローバル社会が進む中で、大事なのは日本人のアイデンティティをしっかり持つことだろう」と思ったから。

茶道のお稽古を通じて、マナー研修をする際に応用できるおもてなしのこころを学べたり、日本の文化はもちろん、マインドフルネスの源流である禅ともつながる茶道ですから、マインドフルネス研修をする身としての学びにもつながったりしています。

同時に、仕事以外に集中とリラックスのできる場としても活用できていますね。

学びのこだわり

学び始めたころは、とにかく興味があったものは行ってみる、というスタンスでやってきましたが、自分の方向性が定まってきた最近は、**「源流に学ぶ」ということと、「誰に学ぶか」を大事にしています。**

「源流に学ぶ」は、キャリア界で尊敬する先生のひとり・金井壽宏先生の言葉です。多様な専門領域があるけれど、その源流をたどり、それを学ぶことで、根本にある思想がわかり、自分の学びに深みが増す、という意味です。

たとえば、私が現在やっているマインドフルネスの源流は禅なので、曹洞宗の僧侶の開く講座を受けたり、チベット仏教の僧侶たちのリトリート（宿泊型研修）に参加したり。それをそのままビジネスパーソンに伝えるわけではないのですが、後ろに引き出しを持っていることで、深みが増していくのではと考えています。

源流をたどるには労力もかかりますし、なかなかすべてはやれないのですが、たとえば新しいジャンルなら、その第一人者に学ぶ、という「誰に学ぶか」につながるような講座選びをしています。そこに関しては、金額はいとわず、「学びの質」を優先させています。

また、**学んだら仕事で使ったり、友人や家族に話すなどアウトプットをすること、また実践したあとでもう一度学んでみることもできる限りやっています。そのほうが、自分の中で整理整頓と定着ができるからです。**

うまくいかなかった学び

ファイナンシャルプランナーの資格取得です。私が修了したキャリアコンサルティングの講座では、数年後にファイナンシャルプランがカリキュラムに加えられました。キャリアとお金はきってもきれない関係にあるからです。

もともと、お金に関することは苦手で無頓着だったため、まったく気乗りはしなかったのですが、その変化をみたときに、「いずれ必要性にせまられるだろう」と予想し、その前に準備をしておこうと思ったのです。手始めということで手軽な文化センターの講座を申し込みました。

ただ、もともと興味がないのと、苦手意識が強いため、講師の話がまったく頭に入ってこず、全10回講座の3回目くらいで行かなくなってしまいました。

仕事上、知っていると役には立つのでしょうが、これほど苦手で好きになれないことに時間を費やすくらいなら、得意な方にお任せして、私は私の関心領域で力をつけようと開き直っています。

これから学びたいこと

英語と物理、そして「死」に関することです。英語は、最近興味を持っている学びの多くが、海外から第一人者の先生を招くものばかりなのです。もちろん通訳はつきますが、感想や質問などを自分の言葉で伝えたいし、通訳では聞き落としてしまいそうなニュアンスの部分を理解できるようになりたい。周囲をみていても、英語ができるのとできないので、情報の格差が広がっていることを感じます。

心理学の領域で話題に出はじめたのが、物理（量子力学）です。

高校時代、物理で赤点をとったことのある私ですが（笑）、「なぜ、ポジティブな人のほうがうまくいくのか」「成功するから幸せなのではなく、幸せな人が成功するのはなぜか」「人が人に影響される、影響を与えるとはどういうことか」などを、もっともっと解き明かして人々のお役に立つようにしていこうとしたときに、とても重要な学びになると思っています。

「死」に関することは、キャリア（人生）において必ずおとずれるビッグなライフイベントでありながら、アンコントロールであり、予測もできない、教育も受けていないということに、素朴な疑問と興味を抱いたからです。終末医療のことや、死の心理学を学び始めています。

解説

キャリアコンサルタント・コーチとしてご活躍のKさんは、実は、この本の構成をおつとめになった渡辺清乃さんです。

彼女は、ライターとして活躍していた33歳の頃に、経営コンサルタントの人と本を書く機会を得ました。それをきっかけにキャリア開発やコーチングの知識やスキルを得て、現在は、人材開発のトレーナー、コーチとしてご活躍です。

転機はいつも「ひょんなこと」や「たまたま」からはじまるものです。ひょんなことから、ご一緒したある人との仕事から◯◯を受けてみようかなと思った。たまたま隣に座った◎◯さんと意気投合して、同じコースを受講することになった。

転機は「前もってプランニングできるもの」ではなく、「ひょんなこと」や「たまたま」からはじまりますが、**大切なことは、キャリアを開き出す人は、その「たまたま」や「ひょんな」を見逃しません。**そこに少しでも気乗りするところがあるのなら、やったことのないことでも「やってみよう」と一歩先ゆく勇気をもっているものです。

原理原則①で「背伸びの原理」を説明しました。今は無理であっても、知的好奇心をもってチャレンジしてみる。その繰り返しが、キャリアを切り開いていきます。もちろん、折に触れても、振り返りは重要であることは言うまでもありません。

印象的だったのは、「源流に学ぶこと」と「誰に学ぶのか」を重視するということです。至言だと思います。同じことを学ぶのにしても、「第一人者に学ぶのか、その第一人者の薫陶を受けた人に学ぶのでは、まったく質が異なる」ということですね。

第一人者は、優良なコンテンツをもっています。そして、第一人者のもとには、志の高い優良な人が集まりやすいものです。何を学ぶのか、も大切ですが、大人の学びでは、「誰に学ぶのか」を重視していくとよいと思います。

子どもの学びと大人の学びの最も異なる点は、「誰に学ぶのか？」が自分で選べる点です。多くの子どもの学びは、教えてくれる相手を自ら選べません。自分で選べなくても、資格をもったそれなりの人が、一応はあてがわれることになります。

しかし大人の学びではそうはいきません。**教える相手は自分で自由に選ぶことができます。**そして、その教え方のクオリティは、ピンキリです。何かを学びたいと思うとき、「誰に学ぶのか」は、よくよく戦略を立てたほうがいいことのように思います。

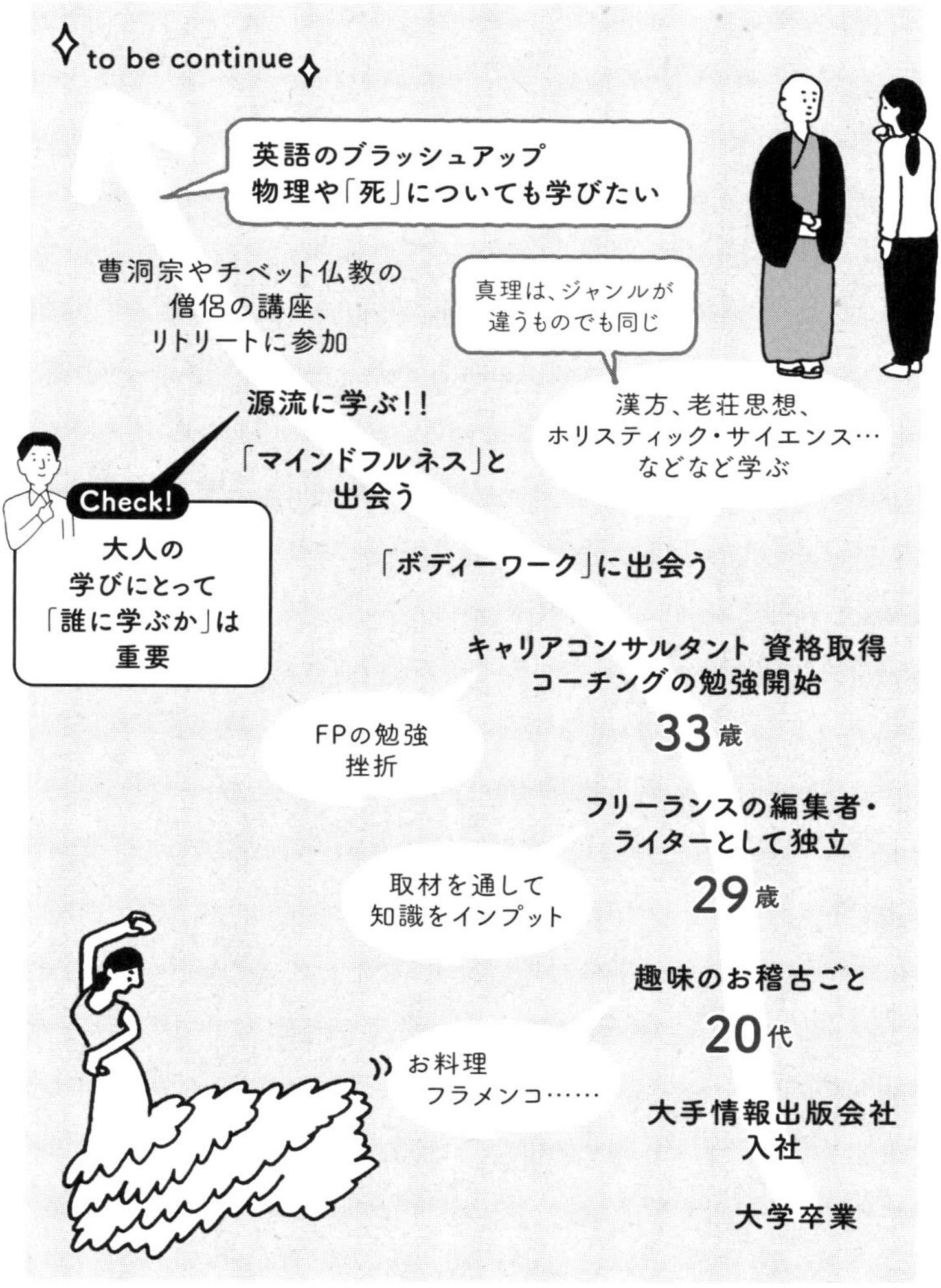
to be continue
英語のブラッシュアップ
物理や「死」についても学びたい
曹洞宗やチベット仏教の
僧侶の講座、
リトリートに参加
真理は、ジャンルが
違うものでも同じ
源流に学ぶ!!
漢方、老荘思想、
ホリスティック・サイエンス…
などなど学ぶ
「マインドフルネス」と
出会う
Check!
大人の
学びにとって
「誰に学ぶか」は
重要
「ボディーワーク」に出会う
キャリアコンサルタント 資格取得
コーチングの勉強開始
FPの勉強
挫折
33歳
フリーランスの編集者・
ライターとして独立
取材を通して
知識をインプット
29歳
趣味のお稽古ごと
20代
お料理
フラメンコ……
大手情報出版会社
入社
大学卒業

考察に代えて

さて、わたしたちは、ここまで7人のビジネスパーソンの「学びの履歴書」をつぶさに見てきました。

ひとくちに「ビジネスパーソン」とくくっていますが、その学びのプロセスは、極めて多種多様。どんなタイミングで、いつ何が学ぶきっかけになるのか。何を、どのように学んだのか、学びの結果、何を得たかは、そのビジネスパーソンのおかれている社会的状況、所属している組織、職種に大きく依存していることがわかりました。

しかし、わたしたちは、このように混沌とした「大人の学びの多様性」に直面したとしても、その背後に「共通するポイント」や「共通する学びの原理」を見い出す努力を「放棄」するわけにはいきません。

たしかに、7人のビジネスパーソンの学びのプロセスは、多様性に満ちたものであったことは事実ですが、それらの事例からは、本書で論じた「3つの原理原則」や「7つの行動」の存在を感じることができます。効果的な学びが生み出されるには、学校では教えられない原理原則・行動を知ることが重要なのです。

今一度、最も大切なことは、大人のみなさんが、自分の学びを創り上げる「主導権」

を、自ら持ち続けることかと思います。「自分の学び」のあり方を、他人任せ、組織任せ、会社任せにしないことかと思います。

大人の学びは「コピペ（コピー&ペーストの略）」できません。「他人の学び」をそのままコピペして、「自分の学び」をつくりあげることは、残念ながらわたしたちにはできません。わたしたちにできることは、「自ら創り上げること」です。

先人たちの「学びの履歴書」、そして、そこに多数ちりばめられた珠玉の言葉。そして本書で紹介させていただいた「3つの原理原則」や「7つの行動」を参考に、読者のみなさんには、ぜひ、自分の学びを創り上げてほしいと思います。

とくに、7人のビジネスパーソンの「学びの履歴書」は、これから、自分の学びを創り上げていこうとするビジネスパーソンにとって、大きな「励み」になるでしょうし、参考になるところも多々あるのではないかと思います。

Be creative!
よき、学びの創り手たれ！

おわりに

この本は、僕にとっては「大きな挑戦」を含むものでした。

僕は、これまで多くの書籍を書いてきましたが、その多くは、研究者、人事・経営企画の実務家、また現場の管理者クラス、そして経営者向けの本が多かったように思います。対して、この本では、一般的な「働くビジネスパーソン」の方向けに、なるべく平易な言葉で、それに取り組んできたつもりです。ぜひ、みなさまの忌憚のないご意見をお聞かせ願えればと思います。

本書を終えるにあたり、お世話になった方々のお名前を記させていただきます。かんき出版の山下津雅子さん、構成を担当いただいた渡辺清乃さんには心より感謝いたします。執筆は長い旅でしたが、何とか終えることができ、うれしく思っています。

また、お名前は差し控えさせていただきますが、学びの履歴書をお寄せいただいた7名の方、また僕のブログなどで、「大人の学び」の現状について、様々なご意見をお寄せいただきましたみなさまに、心より感謝いたします。ありがとうございました。

＊　＊　＊

「学習社会（Learning society）」という言葉があります。

学習社会とは、生涯、人が学び続ける現代社会のありようをさす言葉です。しかし、この言葉は、時にネガティブなニュアンスをともない用いられることがあります。すなわち、「大人が、生涯、愉しみながら学ぶこと」が強調されるというより、「大人が学び続けることを強制されていること」に焦点があてられ、批判的にとらえられるということです。

もちろん、本書冒頭で述べたように、わたしたちは、変化が早く、そして長期化する仕事人生を生き抜かなくてはなりません。その意味では、わたしたちに「学び続けなければならない状況」が差し迫っていることはやむを得ぬことです。

しかし、どうせ学ぶのであれば、僕は、自らの学びを、自らイニシアチブをもってデザインしたいと願います。そして、そこに「楽しさ」や「知的好奇心」をともないながら学んでいきたいと願うのです。本書が、みなさんが、自分の学びをかたちづくるために何らかのお役に立てたとしたら望外の幸せです。誰かに「学ぶこと」を強制されるのではなく、自ら学ぶことを選びとる多くの人々に、本書を捧げます。

学び多き人生の旅を！

道中、またお逢いしましょう。

中原　淳

【著者紹介】

中原　淳（なかはら・じゅん）

◉——東京大学 大学総合教育研究センター 准教授。東京大学大学院 学際情報学府（兼任）。大阪大学博士（人間科学）。

◉——北海道旭川市生まれ。東京大学教育学部卒業、大阪大学大学院人間科学研究科、メディア教育開発センター（現・放送大学）、米国・マサチューセッツ工科大学客員研究員等をへて、2006年より現職。「大人の学びを科学する～働く大人の学びと成長」をテーマに、企業の人材開発・リーダーシップ開発について研究している。専門は人的資源開発論・経営学習論。

◉——おもな単著（専門書）に『職場学習論』『経営学習論』（東京大学出版会）、一般書に『研修開発入門』（ダイヤモンド社）、『駆け出しマネジャーの成長論』（中公新書ラクレ）、『はじめてのリーダーのための 実践！フィードバック』（ＰＨＰ研究所）など、他共編著多数。

◉——人材育成・キャリア開発・リーダー育成に関する様々な研修、ワークショップを実施。研究の詳細は、Blog：NAKAHARA-LAB.net（http://www.nakahara-lab.net/）。

働《はたら》く大人《おとな》のための「学《まな》び」の教科書《きょうかしょ》　〈検印廃止〉

2018年１月15日　第１刷発行
2020年９月１日　第４刷発行

著　者——中原　淳
発行者——齊藤　龍男
発行所——株式会社かんき出版
東京都千代田区麴町4-1-4 西脇ビル　〒102-0083
電話　営業部：03(3262)8011㈹　編集部：03(3262)8012㈹
FAX　03(3234)4421　振替　00100-2-62304
https://www.kanki-pub.co.jp/

印刷所——ベクトル印刷株式会社

ISBN978-4-7612-7312-5 C0030